Dieter Gerhold
Präsentationstraining
Ein Übungs- und Spielehandbuch
Praxisleitfaden für Trainer, Gruppenleiter und Lehrer

Ausführliche Informationen zu weiteren Büchern aus dem Bereich Kommunikation sowie zu jedem unserer lieferbaren und geplanten Bücher finden Sie im Internet unter www.junfermann.de – mit ausführlichem Infotainment-Angebot zum JUNFERMANN-Programm ... mit Newsletter und Original-Seiten-Blick ...

Besuchen Sie auch unsere e-Publishing-Plattform www.active-books.de – mittlerweile rund 250 Titel im Angebot, mit zahlreichen kostenlosen e-Books zum Kennenlernen dieser innovativen Publikationsmöglichkeit.

Übrigens: Unsere e-Books können Sie leicht auf Ihre Festplatte herunterladen!

Eine Auswahl von e-books bei www.active-books.de

Cora Besser-Siegmund: „Coach Yourself" (kostenlos)
Lothar J. Seiwert: „Zeit-Balance" (kostenlos)
Gisela Blümmert: „Konfliktmanagement mit NLP" (€ 10,00)
Vera F. Birkenbihl: „Der 3-Phasen-Trainer-Plan" (€ 8,50)
Michaela Eggers: „KonfliktBox" (€ 7,00)
Roland Betz: „Konfliktsouveränität – der Konflikt als Chance" (€ 5,50)
Stéphane Etrillard: „Gekonnt gekontert" (€ 5,00)
Eckart Fiolka & Thomas Rückerl: „Moderation in Action" (€ 5,00)
Roland Betz: „Zuhör-Profi werden: Was heißt zuhören können?" (€ 3,00)
Jutta Kreyenberg: „Konflikte erfolgreich bewältigen" (€ 3,00)

Dieter Gerhold

Präsentationstraining
Ein Übungs- und
Spielehandbuch

Praxisleitfaden für Trainer, Gruppenleiter und Lehrer

Mit Illustrationen von Barbara Hömberg

Junfermann Verlag • Paderborn
2003

© Junfermannsche Verlagsbuchhandlung, Paderborn 2003
Illustrationen: Barbara Hömberg

Alle Rechte vorbehalten.
Das Werk einschließlich aller seiner Teile ist urheberrechtlich geschützt. Jede Verwendung außerhalb der engen Grenzen des Urheberrechtsgesetzes ist ohne Zustimmung des Verlages unzulässig und strafbar. Dies gilt insbesondere für Vervielfältigungen, Übersetzungen, Mikroverfilmungen und die Einspeicherung und Verarbeitung in elektronischen Systemen.

Satz: JUNFERMANN Druck & Service, Paderborn

Bibliographische Information der Deutschen Bibliothek
Die Deutsche Bibliothek verzeichnet diese Publikation in der Deutschen Nationalbibliographie; detaillierte bibliographische Daten sind im Internet über http://dnb.ddb.de abrufbar.

ISBN 3-87387-552-7

Inhalt

Einleitung	7
1 **„Der Tag beginnt"**: *Übung zur Auflockerung und zum Kennenlernen*	9
2 **„Augenblick mal"**: *Übung in Blickkontakt*	14
3 **„Aufgalopp"**: *Übung in körpersprachlichem Ausdruck, Koordination und Dramaturgie*	18
4 **„Hände hoch"**: *Übung in körpersprachlichem Ausdruck*	22
5 **„Drei Dinge"**: *Übung in körpersprachlichem Ausdruck und Koordination*	25
6 **„Bühne frei"**: *Übung in Strukturierung und Akzentuierung*	29
7 **„Ende gut, alles gut"**: *Übung in Strukturierung und Akzentuierung*	34
8 **„Einerseits und andererseits"**: *Übung in körpersprachlichem Ausdruck und Koordination*	38
9 **„Who is who"**: *Übung in Anmoderation, körpersprachlichem Ausdruck und Koordination*	42
10 **„Gemeinsam sind wir stark"**: *Übung in freier Rede und Assoziation*	46
11 **„Halbe Miete"**: *Übung in Assoziation und Dramaturgie*	51
12 **„Kommando"**: *Übung in Koordination und Leitung*	54
13 **„Ab die Post"**: *Übung in sprachlicher Gestaltung*	58
14 **„Mahlzeit"**: *Übung in Artikulation*	62
15 **„Juckreiz"**: *Übung in körpersprachlichem Ausdruck*	65
16 **„Nichts als Fragen"**: *Übung zur Verwendung von Fragen*	69
17 **„Knieschuß"**: *Übung in mimischem Ausdruck*	72
18 **„Standpauke"**: *Übung in Betonung und Art und Weise der Beziehungsgestaltung*	75
19 **„Alles wird gut"**: *Übung in Betonung und Art und Weise der Beziehungsgestaltung*	79
20 **„Wie man eine Zitrone auspreßt"**: *Übung in Betonung und Art und Weise der Beziehungsgestaltung*	83
21 **„Der kleine Schleimbeutel"**: *Übung in Betonung und Art und Weise der Beziehungsgestaltung*	86
22 **„Och nee"**: *Übung in Betonung und Art und Weise der Beziehungsgestaltung*	90

23 „**Volle Lotte**": *Übung in Betonung und Art und Weise der Beziehungsgestaltung* 93

24 „**Überraschungsei**": *Übung in freier Rede* 97

25 „**Wer hätte das gedacht?**": *Übung in Visualisierung, Koordination und Strukturierung* 100

26 „**Ohne Worte**": *Übung in körpersprachlichem Ausdruck, Koordination und Strukturierung* 105

27 „**Fremdenführer**": *Übung in Visualisierung, Koordination und Strukturierung* 109

28 „**Endlich**": *Übung in Visualisierung, Koordination und Strukturierung* 113

29 „**Zoo**": *Übung in körpersprachlichem Ausdruck, Strukturierung und Koordination* 117

30 „**Die liebe Nachbarschaft**": *Übung in körpersprachlichem Ausdruck, Strukturierung und Koordination* 121

31 „**Hohle Hand**": *Übung in Standfestigkeit, Schlagfertigkeit und Strukturierung* 125

32 „**Der Nächste bitte**": *Übung in Schlagfertigkeit, Argumentation und Stabilität* 129

Leitfaden zur Auswertung der Übungen 133

Einleitung

Ob zu privaten oder beruflichen Anlässen – immer wieder stellt sich im Laufe unseres Lebens die Herausforderung, vor eine Zuhörerschaft hinzutreten und zu sprechen. Viele Menschen empfinden diese Aufgabe als ausgesprochen unangenehm und versuchen ihr wo irgend möglich zu entgehen. Liegt es doch in der Natur des Menschen, alles, was Unlust hervorruft, zu meiden.

Wenn es dann aber einmal doch keinen Ausweg gibt und etwa ein Bewerbungsgespräch, eine mündliche Prüfung, ein Referat oder eine Festrede ansteht, dann binden das Unlustgefühl und die daraus resultierenden Vermeidungstendenzen und Spannungszustände einen großen Teil der Energie des Redners. Das kann soweit gehen, daß das Denkvermögen erheblich eingeschränkt oder sogar blockiert wird.

Der Redner realisiert diese Beeinträchtigungen um so mehr, je stärker sie von psycho-vegetativen Symptomen wie etwa Herzrasen oder feuchten Händen begleitet werden.

Gleich wie es dem Redner schlußendlich trotz aller Irritationen gelingt, die Aufgabe zu meistern, wird ein solches Erlebnis seine Abwehrhaltung in Hinblick auf künftige Herausforderungen dieser Art noch zusätzlich verstärken. Wir haben es hier also mit einem Teufelskreis zu tun, aus dem es scheinbar kein Entrinnen gibt.

Der alten psychologischen Zauberformel „Stärke das Schwache" folgend, findet sich aber doch ein Ausweg. Führt doch nicht der Umgang mit der vorhandenen Unlust, wohl aber die Stärkung der fehlenden oder unterentwickelten Lust an der Sache zum Ziel. Genauer gesagt: Je mehr Lust ein Mensch für das Vortragen entwickelt, desto geringer wird automatisch der Anteil seiner Unlust.

Das war der Grundgedanke, von dem ich mich im Laufe der Jahre immer wieder leiten ließ, als ich Schritt für Schritt die 32 Übungen und die zahlreichen Varianten entwickelte, die ich nunmehr in diesem Buch zusammengetragen habe.

Diese Übungen haben unterschiedliche Schwerpunkte und decken dadurch den gesamten Bereich präsentationsrelevanter Fragestellungen ab. So gibt es u.a. Übungen zur Gestik, zur Mimik, zum Blickkontakt, zur freien Assoziation und zur Schlagfertigkeit, zur Strukturierung von Sachverhalten, zur Argumentation, zu sprachlichen Aspekten wie Artikulation, Lautstärke, Geschwindigkeit, Betonung, Pausen, zu Füllwörtern und Schmatzlauten, zur Visualisierung und insbesondere auch zur Art und Weise der Beziehungsgestaltung zum Publikum.

Alle Übungen haben eine ausgeprägte spielerische Leichtigkeit und einen hohen Unterhaltungswert. Die Trennlinie zwischen Übung und Spiel verwischt. So eignet sich die Mehrzahl der Übungen je nach Intention des Trainers auch einfach als Spiel.

Der Aufbau des Buches ist auf Übersichtlichkeit und Anwendungsfreundlichkeit angelegt. Die Reihenfolge der Übungen setzt unverbindliche Akzente hinsichtlich der Abfolge im Training, d.h., grundlegende Übungen stehen zu Beginn, anspruchsvollere folgen nach. Alle Übungen erklären sich aus sich selbst und sind in sich geschlossen. Die Übungen sind ausnahmslos ohne besondere technische Hilfsmittel realisierbar. Optional wird aber bei den dafür geeigneten Übungen die Arbeit mit Video empfohlen.

Kennzeichnend für die Erläuterung der einzelnen Übungen ist folgende übersichtlich gehaltene und einheitlich wiederkehrende Strukturierung:
Art der Übung
Frage der Videounterstützung
Titel der Übung
Aufbau der Übung
Empfehlungen zur Erläuterung der Übung
Vorbereitung
Durchführung
Schwierigkeitsgrad
Spaßfaktor
Zentrale Nutzeffekte der Übung
Auswertung
Zeitbedarf insgesamt
Varianten

Ein „Leitfaden zur Auswertung der Übungen" bildet den Abschluß des Buches und findet sich zwecks einfacherer Handhabung auch als kartoniertes Lesezeichen eingelegt.

Insgesamt liegt damit ein übersichtlich strukturierter Übungs- und Spielekatalog vor, der alle erforderlichen Angaben zur problemlosen Umsetzung an geeigneter Stelle enthält.

Viel Spaß damit!

Übung zur **AUFLOCKERUNG** und zum **KENNENLERNEN**
(für Videounterstützung eher *ungeeignet*)

1 „Der Tag beginnt"

Aufbau der Übung

→ Die TN treten nacheinander vor die Gruppe und nehmen Stellung zu folgenden fünf Punkten an der Tafel: Name, Alter, Heimat, Geschwister, Motto.

Empfehlungen zur Erläuterung der Übung

→ Die Erläuterung kann sich im wesentlichen auf den letzten Punkt Motto sowie auf eine praktische Veranschaulichung und eine Orientierung zur allgemeinen Vorgehensweise bei dieser ersten Übung beschränken.

→ Der Punkt Motto ist für die meisten TN die härteste Nuß in der Liste, hat gleichzeitig aber auch den höchsten Unterhaltungswert, so daß nicht auf ihn verzichtet werden sollte. Um auch zögerlichere TN zu bewegen, zu diesem Punkt inhaltlich etwas zu sagen, empfiehlt es sich festzustellen, daß es sich ja nur um eine Momentaufnahme handelt, daß jeder Mensch seine gesetzten Ziele und seine Leitsätze im Laufe seines Lebens immer wieder hinterfragt und verschiedentlich neu festlegt, so daß das hier genannte Motto auch nicht in Stein gemeißelt würde, sondern vielmehr nicht überbewertet werden sollte. Es empfiehlt sich außerdem herauszustellen, daß nicht jeder Mensch ein Lebensmotto hat, das ihm ein Leitstern in allen Lebenslagen ist und das er wie ein Banner vor sich her trägt. Daß aber die Erwartungen des Publikums zweifellos enttäuscht würden, wenn jemand nach vorne käme und damit schließen würde, indem er sagt: „Ein Motto habe ich nicht." Um dieses Problem zu lösen, wird die Mottoregel einfach erweitert. Wer also kein Lebensmotto hat, hat vielleicht ein Motto für einen Zeitabschnitt, das er entsprechend deklariert vorträgt, wie bspw. ein Motto für die Zeit bis zur Rente, für das Studium, für das laufende Jahr, für die Woche oder bspw. im Sinne einer christlichen Losung auch einfach nur für den Tag. Und wer auch hier nicht fündig wird, soll einfach sagen „Ein Motto habe ich nicht, aber ich kenne da so einen Spruch, der mir gefällt", weil er bspw. lustig oder tiefsinnig oder cool oder wie auch immer ist, ein Spruch vielleicht aus dem Radio oder aus der Literatur, ganz egal, und diesen Spruch dann einfach sagen.

→ Zur Veranschaulichung beginnt der Trainer selbst mit der Übung und sagt bspw. „Mein Name ist Dieter Gerhold (kleine Pause), ich bin 41 Jahre alt (kleine Pause), gebürtig komme ich aus Nordhessen, seit einigen Jahren wohne ich nun aber schon in der Nähe von Oldenburg (kleine Pause), ich habe drei ältere Schwestern (kleine Pause), mein Motto ist (kleine Pause) positiv denken."

→ Zur Orientierung über die Vorgehensweise empfiehlt es sich nun darauf hinzuweisen, daß dies zwar eine kurze Übung sei, daß kurz aber nicht gleichbedeutend mit schnell sei, sondern ganz im Gegenteil, daß die TN diese Übung wie auch alle folgenden ganz in Ruhe absolvieren möchten. Auch der Wechsel zwischen den TN solle gelassen vor sich gehen, der nächste TN möge immer erst dann aufstehen, wenn der vorherige TN bereits auf dem Weg zurück zu seinem Platz sei.

→ Zudem empfiehlt es sich, die Gruppe zu informieren, daß derjenige TN, der die Übung als erstes absolviert, bei dieser wie auch bei allen nachfolgenden Übungen ein kurzes Feedback des Trainers erhält und daß dabei richtungsweisend herausge-

Übung zur **AUFLOCKERUNG** und zum **KENNENLERNEN**
(für Videounterstützung eher *ungeeignet*)

stellt werden wird, was der TN gut gemacht hat und was von den nachfolgenden TN (zusätzlich) beachtet werden soll.

➜ Abschließend bittet der Trainer noch darum, jedem TN nach absolvierter Übung einen lebhaften Applaus zu spenden, und bestimmt, welcher TN beginnt und in welcher Reihenfolge im Anschluß vorgegangen werden soll, und schon kann die Übung beginnen.

Vorbereitung

➜ Die Zeit, während derer der Trainer die Übung erläutert und selbst ausführt, reicht zur Vorbereitung.

Durchführung

➜ Vergewisserung, daß ggf. notwendige Vorkehrungen für die Auswertung getroffen sind.

➜ Einzeln an der Tafel stehend ohne Barriere vor einem offenen Stuhlkreis (und ggf. vor laufender Videokamera).

➜ Applaus nach jedem TN.

➜ Anerkennendes und die nachfolgenden TN orientierendes, prägnantes Feedback seitens des Trainers nach dem bzw. an den ersten TN.

➜ Reihenfolge hinten in der Mitte beginnend und anschließend im Uhrzeigersinn der Sitzordnung folgend.

➜ Richtungsweisendes Feedback des Trainers immer dann, wenn TN die Übung verändern, also bspw. zu langen Vorträgen ausholen o.ä. Sollte dies nicht geschehen, kann die Übung ohne weitere Unterbrechung zu Ende geführt werden.

➜ Das Erfolgserlebnis jedes einzelnen TN hat Priorität, d.h., daß der Trainer möglichst frühzeitig intervenieren sollte, wenn ein TN zu weit aus der Spur gerät. Einem solchen TN im Anschluß an eine kurze Orientierung lieber noch einmal Gelegenheit geben, von vorne zu beginnen. Auch mit einem möglichen zweiten Fehlstart kann seitens des Trainers entsprechend umgegangen werden, spätestens dann sollte der TN die Übung aber zu Ende führen können und unabhängig von seiner Leistung anschließend ein ausschließlich positives Feedback des Trainers erhalten, in dem der erzielte Fortschritt des TN herausgestellt und das Durchhaltevermögen des TN gewürdigt wird. Ein kleiner Extraapplaus, zu dem sich eine Gruppe immer gerne bereit findet, verfehlt ebenfalls nicht seine Wirkung.

Schwierigkeitsgrad

→ hoch (falls sich die TN bereits kennen: niedrig)

Spaßfaktor

→ mittel

Zentrale Nutzeffekte der Übung

→ Eine erste kleine Übung, die dem einzelnen TN nur wenig abverlangt, dabei die Angst nimmt und nachfolgende Übungen unbeschwerter angehen läßt.

→ Die TN gewinnen einen ersten Eindruck von allen übrigen Gruppenmitgliedern und erfahren einiges voneinander.

→ Die TN gewinnen einen ersten Eindruck von der Person des Trainers und von dessen Umgang mit der Gruppe und dem Thema.

→ Einführung grundlegender Regeln für den Ablauf der Übungen, dabei insbesondere in Ruhe vorzugehen und jedem einzelnen TN am Ende seiner Präsentation zu applaudieren.

→ Der Trainer gewinnt einen Eindruck vom Leistungsstand der einzelnen TN und der Gruppe insgesamt.

Auswertung

→ Auf eine Auswertung sollte bei dieser ersten Übung besser verzichtet werden. Falls eine Videoaufnahme gemacht wurde, kann diese entweder einfach nur angeschaut werden oder eventuell im späteren Trainingsverlauf ausgewertet werden. Seitens des Trainers sollte aber insgesamt herausgestellt werden, daß dies die schwierigste Übung gewesen sei und daß es bei den folgenden Übungen von Mal zu Mal einfacher würde, nach vorne zu kommen.

Zeitbedarf insgesamt

→ 15-20 Minuten für 15-20 TN ohne Videounterstützung.

→ 45-60 Minuten für 15-20 TN mit Videounterstützung.

Übung zur **AUFLOCKERUNG** und zum **KENNENLERNEN**
(für Videounterstützung eher *ungeeignet*)

Varianten

→ Reihenfolge der Auftritte freistellen. Hierbei empfiehlt es sich, kurz auf die Vorteile einer solchen Vorgehensweise einzugehen. Wer gerne anfangen möchte, könne anfangen, wer erst einmal einen Eindruck gewinnen möchte, könne sich entsprechend persönlicher Vorlieben an gewünschter Stelle einordnen. Da der Anfang die größte Hürde darstellt, empfiehlt es sich nicht nur, selbst als Beispiel voranzugehen, sondern auch darauf hinzuweisen, daß derjenige, der anfangen wird, es natürlich am schwersten habe und von daher bereits jetzt eines stürmischen Applauses sicher sein könne. Um die entstehenden kleinen Pausen zwischen den einzelnen Auftritten, während derer die TN für sich erwägen, ob sie als nächstes nach vorne gehen wollen, von vornherein kurz zu halten, empfiehlt sich ein Hinweis darauf, daß im Falle zu langer Leerläufe aus pragmatischen Erwägungen heraus eben doch einfach der Reihe nach vorgegangen würde. Nach Möglichkeit sollte aber seitens des Trainers ein Weg gefunden werden, dies zu vermeiden. So läßt sich eine Situation, in der erstmals eine etwas längere Pause eintritt, zumeist schon alleine dadurch überbrücken und auflösen, daß ein Hinweis darauf erfolgt, daß Wellenbewegungen ganz normal seien. „Die erste Welle ist jetzt vorüber, jetzt bin ich gespannt, wer die zweite Welle eröffnet." Grundsätzlich ist diese Variante eher für eine Gruppe erwachsener TN als für eine Gruppe jüngerer TN und für eine kleinere als für eine größere Gruppe geeignet. Im Zweifelsfall sollte erwogen werden, ob der „Versuchsballon" freie Wahl der Reihenfolge nicht besser an späterer Stelle bei nachfolgenden Übungen eingesetzt wird.

→ Themenauswahl beliebig verändern, möglichst aber nicht über sechs Punkte ausdehnen. Mögliche Themen wären bspw. Familienstand und Anzahl der Kinder, Schuhgröße, Lebensziel, berufliche Stellung, Lieblingsessen, -buch oder -film, Sternzeichen, bevorzugtes Reiseziel, größtes Hobby etc.

→ Übung mit Erstellung eines Sitz- und Namensplans der Gruppe an der Tafel oder auf einem Flipchart verbinden. Der Trainer macht dabei den Anfang und schreibt seinen Namen an entsprechender Stelle, also in der Regel oben mittig an. Jeder TN schreibt anschließend, wenn er nach vorne tritt, zuerst ebenfalls seinen Namen an. Dabei orientieren sich die TN an ihrem Sitzplatz in der Gruppe, so daß während der Übung ein Abbild der Sitzordnung entsteht. Bei dieser Variante empfiehlt es sich, einen Platz auf der Tafel bzw. für das entsprechende Flipchart zu wählen, der im weiteren Tagesverlauf bzw. für die Dauer des Trainings für alle TN ungehindert einsehbar bleibt und nicht anderweitig benötigt wird.

13

Übung in **BLICKKONTAKT** (für Videounterstützung bedingt geeignet)

2 „Augenblick mal"

Aufbau der Übung

→ Die TN sagen auf ihrem Stuhl sitzend einen vorgegebenen Vierzeiler auf und schauen dabei der Reihe nach alle Zuhörer an.

→ Zu diesem Zweck bildet die Gruppe einen Stuhlkreis.

→ Der Trainer beginnt und sagt bspw. folgenden Vers: „Eine kleine Mickey-Mouse zog sich mal die Hosen aus, zog sie wieder an und du bist dran."

→ Derjenige TN, der bei der letzten Silbe angeschaut wird, setzt die Übung jeweils fort.

→ TN, die bereits an der Reihe waren, geben einfach nach links oder rechts ab, bis alle TN die Übung einmal absolviert haben.

Empfehlungen zur Erläuterung der Übung

→ Die Erläuterung der Übung gibt Gelegenheit, den TN zu verdeutlichen, daß dem Blickkontakt zwischen Menschen so wie allen nonverbalen Botschaften grundsätzlich größere Bedeutung zukommt als dem jeweiligen Inhalt, daß es also bspw. einen entscheidenden Unterschied macht, ob ein Mann seine Frau ansieht, wenn er ihr sagt „Ich liebe dich" oder ob er dabei die Tapete bewundert oder die Frau in Nachbars Garten. Kurz gesagt, daß der Blickkontakt darüber entscheidet, wie ein jeweiliger Inhalt aufgefaßt wird.

→ Dabei kann insbesondere herausgestellt werden, daß es in der Natur der meisten Menschen liegt, beim Reden und mehr noch beim Nachdenken aus dem Blickkontakt zu gehen, und es eine Frage des Trainings ist, beim Reden wie auch beim Nachdenken in Blickkontakt zu bleiben.

→ Zudem kann in Zwiesprache mit den TN geklärt wird, welche Auswirkungen es auf die Beziehung und auf die Motivation etc. hat, wenn jemand nicht schaut oder bestimmte Personen im Blickkontakt übergeht.

→ Für die Übung selbst empfiehlt sich, die anzustrebende Dauer eines Blickkontakts mit einer einzelnen Person zu bestimmen. Wie lange sollte der Blickkontakt also mindestens dauern, damit er als solcher auch tatsächlich wahrgenommen wird, und wie lange sollte er höchstens dauern, damit die adressierte Person den Blick

14

nicht als penetrant erlebt. Eine Dauer von einer Sekunde kann hierbei als geeigneter Mittelweg angesehen werden.

→ Zudem empfiehlt es sich, noch darauf hinzuweisen, daß die Größe und die Farbe der Augen, Brillengläser oder auch lange Haare die Wahrnehmung des Blickkontakts erschweren oder verhindern können.

→ Abschließend empfiehlt es sich, die Gruppe zu informieren, daß derjenige TN, der die Übung als erstes absolviert, bei dieser wie auch bei allen nachfolgenden Übungen ein kurzes Feedback des Trainers erhält und daß dabei richtungsweisend herausgestellt werden wird, was der TN gut gemacht hat und was von den nachfolgenden TN (zusätzlich) beachtet werden soll.

→ Mit der Aufforderung, bis zum letzten TN ganz in Ruhe vorzugehen und nicht von Mal zu Mal schneller zu werden, kann die Übung beginnen.

Vorbereitung
....

→ Keine Vorbereitung seitens der TN notwendig.

Durchführung
....

→ Vergewisserung, daß ggf. notwendige Vorkehrungen für die Auswertung getroffen sind.

→ In einem geschlossenen Stuhlkreis (und ggf. vor laufender Videokamera).

→ Bei Videounterstützung ist die Kamera inmitten des Stuhlkreises plaziert und auf den jeweils aktiven TN ausgerichtet.

→ Verzicht auf Applaus für die einzelnen TN.

→ Der Trainer beginnt, die weitere Reihenfolge ergibt sich aus der Übung heraus.

→ Anerkennendes und die nachfolgenden TN orientierendes, prägnantes Feedback seitens des Trainers nach dem bzw. an den ersten TN.

→ Richtungsweisendes Feedback des Trainers immer dann, wenn TN die Übung verändern, also etwa schneller werden, aus dem Blickkontakt gehen o.ä. Sollte dies nicht geschehen, kann die Übung ohne weitere Unterbrechung zu Ende geführt werden.

→ Das Erfolgserlebnis jedes einzelnen TN hat Priorität, d.h., daß der Trainer möglichst frühzeitig intervenieren sollte, wenn ein TN zu weit aus der Spur gerät. Einem solchen TN im Anschluß an eine kurze Orientierung lieber noch einmal Gelegenheit geben, von vorne zu beginnen. Auch mit einem möglichen zweiten Fehlstart kann seitens des Trainers entsprechend umgegangen werden, spätestens dann sollte der TN die Übung aber zu Ende führen können und unabhängig von seiner Leistung anschließend ein ausschließlich positives Feedback des Trainers erhalten, in dem der erzielte Fortschritt des TN herausgestellt und das Durchhaltevermögen des TN gewürdigt wird. Ein kleiner Extraapplaus, zu dem sich eine Gruppe immer gerne bereit findet, verfehlt ebenfalls nicht seine Wirkung.

Schwierigkeitsgrad

→ mittel

Spaßfaktor

→ hoch

Zentrale Nutzeffekte der Übung

→ Die TN trainieren, gleichzeitig zu sprechen und Blickkontakt zu allen Gruppenmitgliedern herzustellen und zu halten.

→ Die Wahrnehmung der TN wird darauf gelenkt, wie sie selbst und wie andere TN Blickkontakt gestalten.

→ Die TN gewinnen einen praktischen Eindruck der Bedeutung des Blickkontakts für die Beziehungsaufnahme mit dem Publikum.

→ Die TN lernen, alle anwesenden Personen in ihrem Publikum via Blickkontakt gleichzubehandeln, niemanden zu bevorzugen bzw. zu benachteiligen.

→ Die TN trainieren einen ersten kleinen Baustein zu einer gelungenen Präsentation, der bei folgenden Übungen immer wieder eingeflochten, trainiert und reflektiert werden kann.

→ Die Gruppe hat Spaß.

→ Eine weitere Übung, die die Routine der TN vor der Gruppe (und ggf. vor laufender Videokamera) unmerklich fördert.

Auswertung

→ Bei Verzicht auf Videounterstützung empfiehlt es sich bei dieser Übung, anstelle einer Einzelauswertung die Leistung der TN insgesamt zu würdigen, die vielfältigen Trainingsmöglichkeiten im Alltag herauszustellen und die TN zu inspirieren, diese Möglichkeiten, wo immer sie sich ihnen bieten, zu nützen. Also etwa am Mittagstisch oder im Freundeskreis, wann immer sie das Wort führen, ganz bewußt reihum Blickkontakt mit den Zuhörern aufzunehmen und zu halten, wodurch es ihnen schon bald in Fleisch und Blut übergeht, jeweilige Zuhörer immer auch anzusehen.

→ Für eine individuelle Auswertung des Blickkontakts bieten alle nachfolgenden Übungen noch hinreichend Gelegenheit.

→ Bei Entscheidung für eine Auswertung dieser Übung: siehe Lesezeichen.

Zeitbedarf insgesamt

→ 10-15 Minuten für 15-20 TN ohne Videounterstützung.

→ 45-60 Minuten für 15-20 TN mit Videounterstützung.

Varianten

→ Zur Auswahl des zu wiederholenden Textes eignen sich je nach Zusammensetzung und Leistungsstand der Gruppe unterschiedlichste Schüttelreime, Zungenbrecher, Kinderverse, Vierzeiler oder Liedtextpassagen. Ausgesprochen stimmungsvoll gestaltet sich bspw. die Verwendung des folgenden bekannten Zungenbrechers: „In dem dicken Fichtendickicht – nicken dicke Fichten tüchtig – dicke Fichten nicken tüchtig – dort im dichten Fichtendickicht."

→ Untersetzung der Blickrichtung mit Fingerzeig. Diese Variante begünstigt über die taktgebenden Bewegungsabläufe der Hand und des Zeigefingers ein gleichbleibendes ruhiges Tempo der einzelnen TN.

Notizen

Übung in **KÖRPERSPRACHLICHEM AUSDRUCK, KOORDINATION** und **DRAMATURGIE**
(für Videounterstützung gut geeignet)

𝕭 „Aufgalopp"

Aufbau der Übung

→ Die TN kommen zur Tür herein, schauen freundlich in die Runde, gehen nach vorne, stellen sich ruhig hin, lassen ihren Blick zwei bis drei Sekunden über die gesamte Gruppe schweifen und begrüßen ihr Publikum abschließend mit: „Einen wunderschönen guten Tag, meine Damen und Herren!"

Empfehlungen zur Erläuterung der Übung

→ Bei der Erläuterung der Übung empfiehlt es sich, in Zwiesprache mit den TN zu reflektieren, welche vorentscheidende Bedeutung dem ersten Eindruck zukommt.

→ Es kann dabei herausgestellt werden, daß die Faktoren Zielgruppe, d.h. jeweiliges Publikum, Anlaß der Präsentation, Thema sowie Rolle und Person des Redners insgesamt darüber entscheiden, welche Vorgehensweise für einen jeweiligen Auftritt angemessen und vorteilhaft ist, daß also etwa ein 25jähriger heißblütig veranlagter Animateur in einem Robinson-Club in der Karibik anders vor eine neu eingetroffene Reisegruppe hintreten wird als eine 55jährige fürsorglich veranlagte Grundschullehrerin in Dresden vor ihre soeben eingeschulten ABC-Schützen oder ein 38jähriger pragmatisch veranlagter Feuerwehrhauptmann in Passau, der den zum Großbrand einer Gummimattenfabrik eingetroffenen freiwilligen Feuerwehren der umliegenden Gemeinden Informationen und Anweisungen für die vorzunehmende Brandbekämpfung erteilt.

→ Für die Übung selbst empfiehlt es sich, die TN anzuhalten, sich mit einem ihrem Alter und ihrer Konstitution entsprechenden Energieniveau zu präsentieren, d.h. als jüngerer Mensch auch mit Spannkraft in Erscheinung zu treten, die Füße hoch zu nehmen und nicht zu schlurfen, einen geraden und federnden Gang zu zeigen, den Kopf erhoben und die Körperachse und die Schultern gerade zu halten und die Brust ein wenig herauszustrecken, dabei aber auch Gelassenheit zu bewahren, einen ruhigen und freundlichen Blick zu wählen und sich stabil und fest vor die Gruppe hinzustellen.

→ Der Gefahr zu mechanischer Auftritte kann dadurch vorgebeugt werden, daß den TN verdeutlicht wird, daß einen gelungenen Auftritt immer eine individuell geeignete Balance zwischen Haltung und Würde auf der einen und Lockerheit und Entspanntheit auf der anderen Seite kennzeichnet.

Übung in **KÖRPERSPRACHLICHEM AUSDRUCK, KOORDINATION** und **DRAMATURGIE**
(für Videounterstützung gut geeignet)

→ Zudem gibt die Erläuterung der Übung Gelegenheit, die TN zu instruieren, sich vor dem Auftritt rundum startklar zu machen, also die Haare in Ordnung zu bringen, nötigenfalls die Nase zu putzen oder sicherheitshalber noch einmal den Mund oder den Bart zu wischen, die Kleidung zu ordnen, einen Blick auf die Schuhe und auch auf die Hände und die Fingernägel zu werfen, sich vielleicht noch einmal zu räuspern oder abzuhusten, sich noch einmal kurz auf Unter- und Oberlippe zu beißen oder in die Wangen zu kneifen, um volle und tiefrote Lippen bzw. eine frische Gesichtsfarbe zu bekommen, ggf. Bonbon oder Kaugummi herauszunehmen, kurz zu rekapitulieren, was zu Beginn im einzelnen ansteht, sich einen geeigneten programmatischen Satz zu sagen wie „Egal, was auch kommt, ich werde die Ruhe bewahren" und vor allen Dingen einige Male tief und ruhig durchzuatmen, bevor sie schließlich eintreten, so daß alle diese Punkte vor dem Publikum selbst keinen Anlaß zu Irritationen mehr bieten.

→ Abschließend empfiehlt es sich, die Gruppe zu informieren, daß derjenige TN, der die Übung als erstes absolviert, bei dieser wie auch bei allen nachfolgenden Übungen ein kurzes Feedback des Trainers erhält und daß dabei richtungsweisend herausgestellt werden wird, was der TN gut gemacht hat und was von den nachfolgenden TN (zusätzlich) beachtet werden soll.

→ Wenn der Trainer unmittelbar vor Beginn der Übung entsprechend der gemachten Vorgaben noch einmal selbst vor die Gruppe hintritt, gewinnen die TN eine praktische Orientierung, die den Übungsverlauf günstig beeinflußt.

Vorbereitung

→ Keine Vorbereitung seitens der TN notwendig.

Durchführung

→ Vergewisserung, daß ggf. notwendige Vorkehrungen für die Auswertung getroffen sind.

→ Einzeln ohne Barriere vor einem offenen Stuhlkreis (und ggf. vor laufender Videokamera).

→ Applaus nach jedem TN.

→ Reihenfolge hinten in der Mitte beginnend und anschließend gegen den Uhrzeigersinn der Sitzordnung folgend.

→ Anerkennendes und die nachfolgenden TN orientierendes, prägnantes Feedback seitens des Trainers nach dem bzw. an den ersten TN.

→ Richtungsweisendes Feedback des Trainers immer dann, wenn TN die Übung verändern. Sollte dies nicht geschehen, kann die Übung ohne weitere Unterbrechung zu Ende geführt werden.

→ Das Erfolgserlebnis jedes einzelnen TN hat Priorität, d.h., daß der Trainer möglichst frühzeitig intervenieren sollte, wenn ein TN zu weit aus der Spur gerät. Einem solchen TN im Anschluß an eine kurze Orientierung lieber noch einmal Gelegenheit geben, von vorne zu beginnen. Auch mit einem möglichen zweiten Fehlstart kann seitens des Trainers entsprechend umgegangen werden, spätestens dann sollte der TN die Übung aber zu Ende führen können und unabhängig von seiner Leistung anschließend ein ausschließlich positives Feedback des Trainers erhalten, in dem der erzielte Fortschritt des TN herausgestellt und das Durchhaltevermögen des TN gewürdigt wird. Ein kleiner Extraapplaus, zu dem sich eine Gruppe immer gerne bereit findet, verfehlt ebenfalls nicht seine Wirkung.

Schwierigkeitsgrad

→ niedrig

Spaßfaktor

→ mittel

Zentrale Nutzeffekte der Übung

→ Die Wahrnehmung der TN wird auf die Bedeutung des ersten Eindrucks gelenkt, den sie auf das Publikum machen.

→ Die TN lernen, ihren Auftritt souverän und positiv zu gestalten.

→ Die TN trainieren einen weiteren kleinen Baustein zu einer gelungenen Präsentation, der bei nachfolgenden Übungen immer wieder eingeflochten, trainiert und reflektiert werden kann.

→ Die Gruppe hat Spaß.

→ Eine weitere Übung, die die Routine der TN vor der Gruppe (und ggf. vor laufender Videokamera) unmerklich fördert.

Auswertung

→ Siehe Lesezeichen.

Übung in **KÖRPERSPRACHLICHEM AUSDRUCK, KOORDINATION** und **DRAMATURGIE**
(für Videounterstützung gut geeignet)

Zeitbedarf insgesamt

➜ 15-20 Minuten für 15-20 TN ohne Videounterstützung.

➜ 30-40 Minuten für 15-20 TN mit Videounterstützung.

Varianten

➜ Die TN bleiben bereits an der Tür für einen Augenblick stehen, lassen ihren Blick deutlich länger durch den Raum schweifen und setzen die Übung dann fort.

➜ Die TN kommen von ihrem jeweiligen Platz aus nach vorne.

➜ Die TN schreiben vorne angekommen zuerst einmal ihren Namen an die Tafel und setzen die Übung dann fort.

Notizen

Übung in **KÖRPERSPRACHLICHEM AUSDRUCK** (für Videounterstützung gut geeignet)

4 „Hände hoch"

Aufbau der Übung

→ Die TN treten vor die Gruppe hin, blicken zwei bis drei Sekunden in die Runde und sagen dann „Hallo und herzlich willkommen, meine Damen und Herren!"

→ Dabei halten sie ihre Hände zusammengeführt auf Nabelhöhe.

Empfehlungen zur Erläuterung der Übung

→ Bei der Erläuterung dieser Übung empfiehlt es sich, vorab darauf hinzuweisen, daß als Ruhe- und Ausgangsposition für die Hände grundsätzlich kein Platz besser geeignet ist als knapp oberhalb der Hüfte, also etwa in Nabelhöhe. In diesem Zusammenhang kann erwähnt werden, daß neutrale Gesten, die von dort aus nach oben hin ausgeführt werden, motivierend auf das Publikum wirken, solche hingegen, die von dort aus nach unten hin ausgeführt werden, demotivierend.

→ Für die Übung selbst empfiehlt sich ein Hinweis darauf, daß die Körpergröße, die Figur, dabei insbesondere der Bauchumfang, und auch die Armlänge insgesamt darüber entscheiden, wie die Arme und wo genau die Hände individuell am vorteilhaftesten plaziert werden.

→ Für die Armhaltung empfiehlt es sich, die TN zu instruieren, die Ellbögen nicht an den Rumpf zu pressen, sondern in geeignetem seitlichen Abstand zum Rumpf zu plazieren.

→ Für die Handhaltung, in der Fragen des individuellen Geschmacks und des Charakters ihren Ausdruck finden, empfiehlt es sich, den TN die grundsätzlichen Möglichkeiten aufzuzeigen, darüber hinaus aber Wahlfreiheit zu lassen. Die Bandbreite möglicher Handhaltungen reicht dabei von einige Zentimeter voneinander entfernt gehaltenen Händen über gegeneinander gestellte oder ineinander gelegte Hände bis hin zur Gebetshaltung. Für die Handinnenflächen eröffnet sich gleichzeitig ein Spielraum von nach oben hin offen bis zu dem Rumpf zugewandt.

→ Unterschiedliche praktische Beispiele des Trainers inspirieren die TN, auch für sich selbst verschiedene Möglichkeiten auszuprobieren.

→ Zudem empfiehlt es sich, die Gruppe zu informieren, daß derjenige TN, der die Übung als erstes absolviert, bei dieser wie auch bei allen nachfolgenden Übungen ein kurzes Feedback des Trainers erhält und daß dabei richtungsweisend herausgestellt werden wird, was der TN gut gemacht hat und was von den nachfolgenden TN (zusätzlich) beachtet werden soll.

→ Vor der Vorbereitung empfiehlt sich ein abschließender Hinweis darauf, daß es auch bei dieser Übung gilt, die geeignete Balance zwischen Lockerheit und Haltung zu finden und daß dies sowohl für die Arme und die Hände wie auch für den Stand insgesamt und die Schultern im besonderen gilt.

Vorbereitung

→ Etwa zwei bis drei Minuten. Dabei stehen alle TN auf, bilden Zweiergruppen, stellen sich im Abstand von min. zwei Meter voreinander hin und trainieren die Übung im Wechsel zu zweit. Dabei probieren die TN die diversen Möglichkeiten der Arm- und Handhaltung aus und geben sich gegenseitig Rückmeldung dazu, welche Arm- und Handhaltung individuell am geeignetsten erscheint.

Durchführung

→ Vergewisserung, daß ggf. notwendige Vorkehrungen für die Auswertung getroffen sind.

→ Einzeln ohne Barriere vor einem offenen Stuhlkreis (und ggf. vor laufender Videokamera).

→ Applaus nach jedem TN.

→ Reihenfolge hinten in der Mitte beginnend und anschließend gegen den Uhrzeigersinn der Sitzordnung folgend.

→ Anerkennendes und die nachfolgenden TN orientierendes, prägnantes Feedback seitens des Trainers nach dem bzw. an den ersten TN.

→ Richtungsweisendes Feedback des Trainers immer dann, wenn TN die Übung verändern. Sollte dies nicht geschehen, kann die Übung ohne weitere Unterbrechung zu Ende geführt werden.

→ Das Erfolgserlebnis jedes einzelnen TN hat Priorität, d.h., daß der Trainer möglichst frühzeitig intervenieren sollte, wenn ein TN zu weit aus der Spur gerät. Einem solchen TN im Anschluß an eine kurze Orientierung lieber noch einmal Gelegenheit geben, von vorne zu beginnen. Auch mit einem möglichen zweiten Fehlstart kann seitens des Trainers entsprechend umgegangen werden, spätestens dann sollte der TN die Übung aber zu Ende führen können und unabhängig von seiner Leistung anschließend ein ausschließlich positives Feedback des Trainers erhalten, in dem der erzielte Fortschritt des TN herausgestellt und das Durchhaltevermögen des TN gewürdigt wird. Ein kleiner Extraapplaus, zu dem sich eine Gruppe immer gerne bereit findet, verfehlt ebenfalls nicht seine Wirkung.

„Hände hoch"

Schwierigkeitsgrad

→ niedrig

Spaßfaktor

→ mittel

Zentrale Nutzeffekte der Übung

→ Eine situationsunabhängig einsetzbare Ruhe- und Ausgangsposition für die Hände wird von jedem TN individuell ermittelt und trainiert.

→ Die TN lernen, ihren Auftritt souverän und positiv zu gestalten.

→ Die TN trainieren einen weiteren kleinen Baustein zu einer gelungenen Präsentation, der bei folgenden Übungen immer wieder eingeflochten, trainiert und reflektiert werden kann.

→ Die Gruppe hat Spaß.

→ Eine weitere Übung, die die Routine der TN vor der Gruppe (und ggf. vor laufender Videokamera) unmerklich fördert.

Auswertung

→ Siehe Lesezeichen.

Zeitbedarf insgesamt

→ 10-15 Minuten für 15-20 TN ohne Videounterstützung.

→ 20-25 Minuten für 15-20 TN mit Videounterstützung.

Varianten

→ Die TN plazieren beide Hände seitlich in Hüfthöhe.

→ Die TN nehmen Notizen mit fester Unterlage mit nach vorne.

Übung in **KÖRPERSPRACHLICHEM AUSDRUCK** und **KOORDINATION**
(für Videounterstützung gut geeignet)

5 „Drei Dinge"

Aufbau der Übung

→ Die TN treten vor die Gruppe und sagen folgenden Satz: „Ich als Frau (Mann) achte bei Männern (Frauen) insbesondere auf folgende drei Dinge: ..."

→ Wenn sie „drei Dinge" sagen unterlegen sie dies gestisch, indem sie drei Finger zeigen.

→ Anschließend zählen sie die drei Dinge nacheinander auf und begleiten dies wiederum mit den dazugehörigen Gesten.

25

Empfehlungen zur Erläuterung der Übung

→ Die Erläuterung der Übung gibt Gelegenheit, den TN zu verdeutlichen, daß der Körpersprache im Zweifelsfall größere Bedeutung zukommt als dem jeweiligen Inhalt, daß es also bspw. einen entscheidenden Unterschied macht, ob jemand nickt, wenn er „ja" sagt, oder ob er den Kopf hin und her dreht. Kurz gesagt, daß die nonverbale Botschaft bei erkennbarem Abweichen von der verbalen Botschaft stets als die eigentliche Botschaft angesehen wird.

→ Zur Körpersprache selbst empfiehlt es sich, am Beispiel der Drei-Finger-Geste einige grundsätzliche Erwägungen anzustellen. Insbesondere kommen hierbei die Frage der geeigneten Geschwindigkeit, also insbesondere eines nicht zu hohen, sondern eines ruhigen Tempos, und der Abstimmung mit den dazugehörigen Worten oder Zahlen in Betracht. Ferner die Frage des Bewegungsablaufes, also nicht zu mechanisch und nicht zu lässig, sondern locker und elegant, die Frage der Ausrichtung der Geste, also die Finger nicht zur Seite oder nach unten, sondern nach oben, und die Frage der Arm- und Handhaltung, also die Geste nicht körpernah, sondern weg vom Körper, und nicht zu tief und nicht zu hoch, sondern etwas unterhalb der Blicklinie, die Handfläche nicht nach außen, sondern nach innen. Schließlich empfiehlt sich auch ein Hinweis darauf, daß es ratsam ist, die Geste durch eine geeignete Drehung der Körperachse für jeden in der Runde erkennbar werden zu lassen.

→ Ausgesprochen unterhaltsam und einprägsam gestaltet sich das Ganze, wenn der Trainer zu den genannten Punkten nicht nur theoretisiert, sondern Beispiele für geeignete wie auch für ungeeignete Verfahrensweisen vorführt, also etwa sagt „Ich habe, man mag es kaum glauben, drei ältere Schwestern", die Geste aber zu früh zeigt, „Ich war schon dreimal an der französischen Riviera", die Geste aber zu spät zeigt, und schließlich „Ich habe heute für sage und schreibe drei Euro einen Zentner Kartoffeln gekauft" und die Geste genau auf die Drei plaziert etc.

→ Abschließend empfiehlt es sich, die Gruppe zu informieren, daß derjenige TN, der die Übung als erstes absolviert, bei dieser wie auch bei allen nachfolgenden Übungen ein kurzes Feedback des Trainers erhält und daß dabei richtungsweisend herausgestellt werden wird, was der TN gut gemacht hat und was von den nachfolgenden TN (zusätzlich) beachtet werden soll.

Vorbereitung

→ Insgesamt etwa fünf bis sechs Minuten.

→ Zu Beginn der Vorbereitung stehen erst einmal alle TN auf, bilden Zweiergruppen, stellen sich im Abstand von min. zwei Meter voreinander hin und trainieren die Gesten noch ohne Text zwei bis drei Minuten im Wechsel zu zweit. Dabei probieren sie die diversen Möglichkeiten der Ausführung der Gesten aus und geben sich gegenseitig Rückmeldung dazu.

→ Im Anschluß an das Zweiergruppentraining noch einmal etwa zwei bis drei Minuten, während derer sich wieder alle TN setzen und jeder für sich alleine im Kopf seine Ideen entwickelt. Kein Konzeptblatt.

Durchführung

→ Vergewisserung, daß ggf. notwendige Vorkehrungen für die Auswertung getroffen sind.

→ Einzeln ohne Barriere vor einem offenen Stuhlkreis (und ggf. vor laufender Videokamera).

→ Applaus nach jedem TN.

→ Reihenfolge hinten in der Mitte beginnend und anschließend im Uhrzeigersinn der Sitzordnung folgend.

→ Anerkennendes und die nachfolgenden TN orientierendes, prägnantes Feedback seitens des Trainers nach dem bzw. an den ersten TN.

→ Richtungsweisendes Feedback des Trainers immer dann, wenn TN die Übung verändern. Sollte dies nicht geschehen, kann die Übung ohne weitere Unterbrechung zu Ende geführt werden.

→ Das Erfolgserlebnis jedes einzelnen TN hat Priorität, d.h., daß der Trainer möglichst frühzeitig intervenieren sollte, wenn ein TN zu weit aus der Spur gerät. Einem solchen TN im Anschluß an eine kurze Orientierung lieber noch einmal Gelegenheit geben, von vorne zu beginnen. Auch mit einem möglichen zweiten Fehlstart kann seitens des Trainers entsprechend umgegangen werden, spätestens dann sollte der TN die Übung aber zu Ende führen können und unabhängig von seiner Leistung anschließend ein ausschließlich positives Feedback des Trainers erhalten, in dem der erzielte Fortschritt des TN herausgestellt und das Durchhaltevermögen des TN gewürdigt wird. Ein kleiner Extraapplaus, zu dem sich eine Gruppe immer gerne bereit findet, verfehlt ebenfalls nicht seine Wirkung.

Schwierigkeitsgrad

→ niedrig

Spaßfaktor

→ sehr hoch

Zentrale Nutzeffekte der Übung

→ Ruhigere TN, die dazu tendieren, wenig oder gar nicht zu gestikulieren, kommen in Bewegung.

→ Lebhafte TN, die dazu tendieren, unkontrollierte körpersprachliche Akzente zu setzen, finden einen Weg, ihre Energien zielgerichtet einzusetzen.

→ Die TN lernen, verbale und nonverbale Botschaften wirkungsvoller einzusetzen und aufeinander abzustimmen.

→ Der einzelne TN findet kreative Entfaltungsmöglichkeit.

→ Die TN trainieren einen weiteren kleinen Baustein zu einer gelungenen Präsentation, der bei folgenden Übungen immer wieder eingeflochten, trainiert und reflektiert werden kann.

→ Die Gruppe hat Spaß.

→ Eine weitere Übung, die die Routine der TN vor der Gruppe (und ggf. vor laufender Videokamera) unmerklich fördert.

Auswertung

→ Siehe Lesezeichen.

Zeitbedarf insgesamt

→ 20-25 Minuten für 15-20 TN ohne Videounterstützung.

→ 40-50 Minuten für 15-20 TN mit Videounterstützung.

Varianten

→ Im Urlaub sind mir drei Dinge besonders wichtig: ...

→ Mein Leben gründet auf drei Prinzipien: ...

→ Drei Personen, die für mich von großer Bedeutung sind: ...

→ Meine drei liebsten Kleidungsstücke sind: ...

→ In meiner Freizeit gehe ich bevorzugt folgenden drei Beschäftigungen nach: ...

Übung in STRUKTURIERUNG und AKZENTUIERUNG (für Videounterstützung gut geeignet)

 „Bühne frei"

Aufbau der Übung

→ Die TN trainieren stehend vor der Gruppe mit Begrüßung und Einleitung die beiden ersten Bausteine eines Vortrags.

→ Die Begrüßung umfaßt neben der geeigneten Begrüßungsformel auch die Vorstellung der eigenen Person.

→ Die Einleitung umfaßt den Titel des Vortrages und eine Untergliederung in drei Unterpunkte.

→ In der Vorbereitung dieser Übung ist den TN die Wahl der eigenen Identität, der Identität des Publikums und des Themas wie auch des fiktiven Ortes bzw. der fiktiven Zeit der Vortragsveranstaltung freigestellt.

→ So können sich die TN bspw. vorstellen, sie seien ein Forschungsreisender, der soeben von einer Expedition durch die Sahara zurückgekehrt ist und dem Landfrauenverein Elsbach in der modernen Mehrzweckhalle der Gesamtgemeinde von der Verwendung von Kameldung im Alltagsleben der Beduinen berichtet, oder eine Grundschullehrerin, die ihren ABC-Schützen am ersten Schultag auf dem Schulhof die wichtigsten Regeln der Schul- und Hausordnung erklärt, oder ein Bundesliga-Schiedsrichter, der einer Gruppe junger Schiedsrichteranwärter in einem fensterlosen Kellerraum der Sporthochschule Köln diverse Fragestellungen im Zusammenhang mit der Abseitsregel erläutert.

Empfehlungen zur Erläuterung der Übung

→ Bei der Erläuterung der Übung kann einleitend kurz auf alle Strukturbausteine eines Vortrags eingegangen werden, also bspw. in Form von 1. Begrüßung – 2. Einleitung – 3. Hauptteil – 4. Zusammenfassung – 5. Verabschiedung, wodurch die TN bereits in einer frühen Trainingsphase mit dem Handwerkszeug vertraut werden, das sie im weiteren immer wieder brauchen werden.

→ Daneben empfiehlt es sich, bspw. mit der prägnanten Formel „Der erste Eindruck zählt – der letzte Eindruck bleibt" herauszustellen, daß der erste und der letzte Eindruck besonders nachhaltig wirken und daß eine klare und möglichst einfache Struktur nicht nur dem Publikum Halt und Orientierung gibt, sondern nicht zuletzt auch dem Redner selbst.

„Bühne frei"

➜ Eine Ermunterung der TN, ihre Präsentation auch gestisch zu gestalten und zu unterstützen, dabei insbesondere die Drei-Finger-Geste und die Aufzählgesten aus der vorherigen Übung einzusetzen, fällt auf fruchtbaren Boden.

➜ Für die Übung selbst empfiehlt es sich, den TN ein konkretes und auch gestisch entsprechend unterlegtes Beispiel zu geben, wie etwa „Einen wunderschönen guten Abend, meine sehr geehrten Damen und Herren! Mein Name ist Hans Gansacker, ich bin Inhaber des Dessous-Geschäfts Gansacker am Domplatz und freue mich außerordentlich, Sie alle als Sponsor dieser Veranstaltung heute abend hier im prächtig geschmückten Festsaal der Westfälischen Handwerkskammer in Münster zur diesjährigen Endausscheidung um die Landesmeisterschaft im lateinamerikanischen Haarstyling begrüßen zu können. Ich möchte Sie im folgenden über die drei anstehenden Disziplinen informieren. Dabei werde ich erstens auf das Waschen eingehen, zweitens auf das Legen und drittens auf das Fönen."

➜ Abschließend empfiehlt es sich, die Gruppe zu informieren, daß derjenige TN, der die Übung als erstes absolviert, bei dieser wie auch bei allen nachfolgenden Übungen ein kurzes Feedback des Trainers erhält und daß dabei richtungsweisend herausgestellt werden wird, was der TN gut gemacht hat und was von den nachfolgenden TN (zusätzlich) beachtet werden soll.

Vorbereitung

➜ Etwa fünf Minuten, jeder für sich alleine, stichpunktartiges Konzept, das nach Bedarf auch mit nach vorne genommen werden kann.

Durchführung

➜ Vergewisserung, daß ggf. notwendige Vorkehrungen für die Auswertung getroffen sind.

➜ Einzeln ohne Barriere vor einem offenen Stuhlkreis (und ggf. vor laufender Videokamera).

➜ Applaus nach jedem TN.

➜ Reihenfolge bei einem Freiwilligen beginnend und anschließend im Uhrzeigersinn der Sitzordnung folgend.

➜ Anerkennendes und die nachfolgenden TN orientierendes, prägnantes Feedback seitens des Trainers nach dem bzw. an den ersten TN.

➜ Richtungsweisendes Feedback des Trainers immer dann, wenn TN die Übung verändern. Sollte dies nicht geschehen, kann die Übung ohne weitere Unterbrechung zu Ende geführt werden.

Übung in STRUKTURIERUNG und AKZENTUIERUNG (für Videounterstützung gut geeignet)

→ Das Erfolgserlebnis jedes einzelnen TN hat Priorität, d.h., daß der Trainer möglichst frühzeitig intervenieren sollte, wenn ein TN zu weit aus der Spur gerät. Einem solchen TN im Anschluß an eine kurze Orientierung lieber noch einmal Gelegenheit geben, von vorne zu beginnen. Auch mit einem möglichen zweiten Fehlstart kann seitens des Trainers entsprechend umgegangen werden, spätestens dann sollte der TN die Übung aber zu Ende führen können und unabhängig von seiner Leistung anschließend ein ausschließlich positives Feedback des Trainers erhalten, in dem der erzielte Fortschritt des TN herausgestellt und das Durchhaltevermögen des TN gewürdigt wird. Ein kleiner Extraapplaus, zu dem sich eine Gruppe immer gerne bereit findet, verfehlt ebenfalls nicht seine Wirkung.

Schwierigkeitsgrad

→ niedrig

Spaßfaktor

→ mittel

Zentrale Nutzeffekte der Übung

→ Die TN lernen, einen beliebigen Inhalt strukturiert und akzentuiert einzuleiten.

→ Die TN trainieren die Abstimmung verbaler und nonverbaler Botschaften.

→ Der einzelne TN findet kreative Entfaltungsmöglichkeit.

→ Die TN trainieren einen weiteren kleinen Baustein zu einer gelungenen Präsentation, der bei nachfolgenden Übungen immer wieder eingeflochten, trainiert und reflektiert werden kann.

→ Die Gruppe hat Spaß.

→ Eine weitere Übung, die die Routine der TN vor der Gruppe (und ggf. vor laufender Videokamera) unmerklich fördert.

Auswertung

→ Siehe Lesezeichen.

Zeitbedarf insgesamt

➜ 25-30 Minuten für 15-20 TN ohne Videounterstützung.

➜ 50-60 Minuten für 15-20 TN mit Videounterstützung.

Varianten

➜ Zusätzliche Vorgabe zur Steigerung der Motivation des Publikums: Sogleich zu Beginn ein bis zwei positive Hervorhebungen einzuflechten, wie bspw. „an diesem wunderschönen Herbsttag", „in diesem hellen und freundlichen Tagungsraum" oder „gehen wir nun frisch ans Werk", und gleichzeitig auf negative Formulierungen oder Hervorhebungen vollständig zu verzichten. Also bspw. weder von „diesem gräßlichen Wetter", „diesem tristen Morgen" oder „dieser verkommenen Baracke" zu sprechen, noch Verneinungen von Negativem, wie bspw. „unkompliziert", „ohne Zweifel" oder „nicht langweilen" vorzunehmen, noch negativ gefärbte Redewendungen wie bspw. „Ich weiß nicht", „Ich soll hier" oder „einige Worte verlieren" zu verwenden.

➜ Zusätzliche Vorgabe zur Steigerung der Motivation des Publikums: In der Einleitung über die inhaltliche Vorschau hinaus Transparenz über ein bis zwei weitere Fragen zu geben, wie bspw. die Dauer des Vortrags, die Pausengestaltung, die vorgesehene Einbeziehung der TN, den Einsatz von Medien oder Arbeitsmaterial.

➜ Zusätzliche Vorgabe zur Steigerung der Motivation des Publikums: Vollständig darauf zu verzichten, durch Pronomina wie „Ich" oder „Mein" und „Sie" oder „Ihr" etc. einen Graben zwischen Redner und Publikum auszuheben, statt dessen durchgängig vertrauensbildende Formulierungen wie „Wir" oder „Uns" bzw. „Unser" etc. zu verwenden, wie bspw. „Wir haben uns heute hier", „Unser Thema lautet", „Unser Ziel ist es", „Wir wollen zuerst" oder „Wir fragen uns natürlich".

➜ Zusätzliche Vorgabe zur Steigerung der Motivation des Publikums: Einen kleinen Scherz einzuflechten, der weder auf Kosten des Redners selbst noch des Publikums geht, also bspw. über das Wetter, den Straßenverkehr oder über ein gesellschaftliches Ereignis, wie den aktuellen James-Bond-Film, den neuesten Internet-Virus oder den Versuch, ein Mammut zu klonen.

➜ Zusätzliche Vorgabe zur Steigerung der Motivation des Publikums: Sich nicht im „Irgendwie-Irgendwer-So-ungefähr-Dschungel" zu verlieren, sondern gezielt ein bis zwei exakte Angaben zu machen (Zahlen, Daten, Fakten), wie bspw. von „15 Minuten" zu sprechen statt von einer „viertel Stunde", von „64,38 % der Bevölkerung in unserem Land" statt von den „meisten Menschen" oder von „27 km nordwestlich von Köln" statt von „nahe bei Köln".

Übung in **STRUKTURIERUNG** und **AKZENTUIERUNG** (für Videounterstützung gut geeignet)

→ Zusätzliche Vorgabe zur Steigerung der Motivation des Publikums: Die Zuhörer an geeigneter Stelle der Unabhängigkeit ihrer Entscheidung zu versichern, also Formulierungen zu verwenden wie bspw. „Jeder von uns bildet sich da natürlich sein eigenes Urteil", „Die Entscheidung liegt selbstverständlich bei jedem selbst" oder „Über Geschmack läßt sich ja bekanntlich nicht streiten".

→ Dreiergruppe sitzend als Adressat zwischen Redner und Zuschauern plazieren.

Notizen

Übung in **STRUKTURIERUNG** und **AKZENTUIERUNG** (für Videounterstützung gut geeignet)

7 „Ende gut, alles gut"

Aufbau der Übung

→ Die TN trainieren stehend vor der Gruppe die beiden letzten Bausteine eines Vortrags: Zusammenfassung und Verabschiedung.

→ In der Vorbereitung dieser Übung ist den TN die Wahl der eigenen Identität, der Identität des Publikums und des Themas wie auch des fiktiven Ortes bzw. der fiktiven Zeit der Vortragsveranstaltung freigestellt.

→ So können sich die TN bspw. vorstellen, sie würden gerade einen Vortrag abschließen, in dem sie als Drogenbeauftragter der Stadt einer Gruppe jugendlicher Teilnehmer eines Gebetskreises die Gefahren des Konsums weicher Drogen aufgezeigt, als Tupperware-Vertreterin einer Gruppe Hausfrauen in einem privaten Wohnzimmer die neuesten Angebote erläutert oder als Reiseleiter einer Touristengruppe bei der Busanreise nach Venedig diverse Sehenswürdigkeiten der Lagunenstadt nähergebracht haben, oder einfach den Vortrag beenden, den sie in der vorhergehenden Übung eingeleitet haben.

Empfehlungen zur Erläuterung der Übung

→ Es empfiehlt sich, die TN dazu aufzufordern, eine etikettierende Formulierung an den Anfang der Zusammenfassung zu stellen, die deutlich zum vorhergehenden, gedachten Hauptteil abgrenzt und dem Publikum keinen Zweifel läßt, daß es sich tatsächlich um den Schlußteil handelt. Also bspw. Formulierungen zu gebrauchen wie „Zusammenfassend läßt sich sagen", „Das Fazit meines heutigen Vortrags lautet" oder „Abschließend möchte ich als wichtigste Punkte noch einmal hervorheben".

→ Es empfiehlt sich, die TN zu einer kurzen und prägnanten Zusammenfassung anzuhalten, wobei ein Umfang von zwei bis drei Sätzen einen geeigneten Richtwert gibt.

→ Für die Verabschiedung empfiehlt es sich, die TN über die grundsätzlichen Möglichkeiten der inhaltlichen Ausgestaltung zu informieren, d.h. bspw. drei Töpfe aufzuzeigen, auf die bei der Verabschiedung zugegriffen werden kann: 1. Dank zu sagen, bspw. für die Aufmerksamkeit, das rege Interesse oder die lebhafte Beteiligung, 2. Wünsche bzw. Hoffnungen auszusprechen, bspw. für den Nachhauseweg, die weitere Ausbildung oder ein baldiges Wiedersehen, und 3. Informationen

Übung in **STRUKTURIERUNG** und **AKZENTUIERUNG** (für Videounterstützung gut geeignet)

zu geben, bspw. über Folgeveranstaltungen, einen Büchertisch am Ausgang oder das kalte Büffet.

→ Um den TN einen deutlichen Schlußsatz bzw. -punkt zu ermöglichen, empfiehlt es sich auch hier, einige Möglichkeiten aufzuzeigen, wie bspw. „Und damit, meine sehr geehrten Damen und Herren, möchte ich für heute schließen. Vielen Dank", „Es war mir eine Freude, heute hier vor Ihnen sprechen zu können. Auf Wiedersehen" oder „Damit verabschiede ich mich für heute abend von Ihnen. Eine gute Nacht allerseits."

→ Zudem empfiehlt es sich, den TN ein vollständiges Beispiel zu geben, wie etwa: „Als Resümee meiner Ausführungen läßt sich zweifelsfrei schlußfolgern: Eiskalte Milch in größeren Mengen auf nüchternen Magen genossen ist nicht jedermanns Sache und kann, wie wir gesehen haben, zu erheblichen Unpäßlichkeiten führen. (Kleine Pause) Damit danke ich Ihnen, meine sehr geehrten Damen und Herren, für die zahlreichen Fragen, durch die Sie diese Veranstaltung bereichert haben, hoffe, daß Sie auch in der nächsten Woche wieder dabei sein werden, wenn es heißt: Sind Dauerkonserven ewig haltbar? und möchte Sie abschließend auf die Möglichkeit hinweisen, sich im Foyer bei einer meiner reizenden Mitarbeiterinnen als Versuchsperson für zukünftige spektakuläre Ernährungsversuche anzumelden. Auf Wiedersehen."

→ Abschließend empfiehlt es sich, die Gruppe zu informieren, daß derjenige TN, der die Übung als erstes absolviert, bei dieser wie auch bei allen nachfolgenden Übungen ein kurzes Feedback des Trainers erhält und daß dabei richtungsweisend herausgestellt werden wird, was der TN gut gemacht hat und was von den nachfolgenden TN (zusätzlich) beachtet werden soll.

Vorbereitung

→ Etwa 15 Minuten, jeder für sich alleine, stichpunktartiges Konzept, das nach Bedarf auch mit nach vorne genommen werden kann.

Durchführung

→ Vergewisserung, daß ggf. notwendige Vorkehrungen für die Auswertung getroffen sind.

→ Einzeln ohne Barriere vor einem offenen Stuhlkreis (und ggf. vor laufender Videokamera).

→ Applaus nach jedem TN.

→ Reihenfolge bei einem Freiwilligen beginnend und anschließend gegen den Uhrzeigersinn der Sitzordnung folgend.

„Ende gut, alles gut"

→ Anerkennendes und die nachfolgenden TN orientierendes, prägnantes Feedback seitens des Trainers nach dem bzw. an den ersten TN.

→ Richtungsweisendes Feedback des Trainers immer dann, wenn TN die Übung verändern. Sollte dies nicht geschehen, kann die Übung ohne weitere Unterbrechung zu Ende geführt werden.

→ Das Erfolgserlebnis jedes einzelnen TN hat Priorität, d.h., daß der Trainer möglichst frühzeitig intervenieren sollte, wenn ein TN zu weit aus der Spur gerät. Einem solchen TN im Anschluß an eine kurze Orientierung lieber noch einmal Gelegenheit geben, von vorne zu beginnen. Auch mit einem möglichen zweiten Fehlstart kann seitens des Trainers entsprechend umgegangen werden, spätestens dann sollte der TN die Übung aber zu Ende führen können und unabhängig von seiner Leistung anschließend ein ausschließlich positives Feedback des Trainers erhalten, in dem der erzielte Fortschritt des TN herausgestellt und das Durchhaltevermögen des TN gewürdigt wird. Ein kleiner Extraapplaus, zu dem sich eine Gruppe immer gerne bereit findet, verfehlt ebenfalls nicht seine Wirkung.

Schwierigkeitsgrad

→ niedrig

Spaßfaktor

→ mittel

Zentrale Nutzeffekte der Übung

→ Die TN lernen, den abschließenden Eindruck positiv und angemessen zu gestalten.

→ Die TN lernen, einen beliebigen Inhalt strukturiert und akzentuiert abzuschließen.

→ Der einzelne TN findet kreative Entfaltungsmöglichkeit.

→ Die TN trainieren einen weiteren kleinen Baustein zu einer gelungenen Präsentation, der bei folgenden Übungen immer wieder eingeflochten, trainiert und reflektiert werden kann.

→ Die Gruppe hat Spaß.

→ Eine weitere Übung, die die Routine der TN vor der Gruppe (und ggf. vor laufender Videokamera) unmerklich fördert.

Übung in **STRUKTURIERUNG** und **AKZENTUIERUNG** (für Videounterstützung gut geeignet)

Auswertung

→ Siehe Lesezeichen.

Zeitbedarf insgesamt

→ 25-30 Minuten für 15-20 TN ohne Videounterstützung.

→ 50-60 Minuten für 15-20 TN mit Videounterstützung.

Varianten

→ Dreiergruppe sitzend als Adressat zwischen Redner und Zuschauern plazieren.

→ Die Übung läßt sich wie folgt auch auf alle Bausteine eines Vortrags ausdehnen:

→ Zweier- (A-B) oder Dreiergruppen (A-B-C) bilden, die nacheinander einzeln vortreten und im Wechsel A-B-A-B-A etc. oder A-B-C-A-B-C-A etc. einen kompletten Vortrag zu einem beliebigen Thema halten. Den Kleingruppen freistellen, wie sie ihren Auftritt inszenieren; als Vorgabe lediglich, daß alle zusammen nach vorne kommen und die Aufteilung der Bausteine, für Zweiergruppen bspw. wie folgt:
(A) Begrüßung und Vorstellung der einzelnen Gruppenmitglieder
(B) Einleitung mit Thema und drei Unterpunkten einschließlich Vorschau über Vorgehensweise, d.h., wer wird den jeweiligen Unterpunkt übernehmen
(A) Hauptteil – erster Unterpunkt
(B) Hauptteil – zweiter Unterpunkt
(A) Hauptteil – dritter Unterpunkt
(B) Zusammenfassung
(A) Verabschiedung

Diese Variante der Übung eignet sich ausgezeichnet dazu, die Akzentuierung im Übergang zwischen einzelnen Bausteinen zu trainieren, sie bringt durch die Gruppenarbeit und die Freistellung der Inszenierung und des Themas bzw. die Ermunterung zu abwegigen Themen Spaß und Unterhaltungswert in Vorbereitung und Ausführung, führt bei Bildung von Kleingruppen durch Abzählen fast unmerklich zu neuen Kontakten bzw. zur Vertiefung der Beziehungen innerhalb der Gesamtgruppe und bietet daneben auch der Kreativität der TN Entfaltungsmöglichkeit. Insbesondere aufgrund der damit insgesamt motivationserhaltenden bzw. -steigernden Qualitäten dieser Variante, ist sie der Aufeinanderfolge von Komplettvorträgen jedes einzelnen TN in einer frühen Phase des Trainings vorzuziehen.

Übung in **KÖRPERSPRACHLICHEM AUSDRUCK** und **KOORDINATION**
(für Videounterstützung gut geeignet)

„Einerseits und andererseits"

Aufbau der Übung

→ Die TN tragen stehend vor der Gruppe ein inhaltliches Gegensatz- oder Ergänzungspaar vor, wie bspw. „Als junger Mann von 18 Jahren ist es mir einerseits wichtig, daß ..., andererseits ist es mir aber auch wichtig, daß ...", und unterlegen dies gestisch, indem sie „einerseits" den einen Arm und „andererseits" den anderen Arm jeweils leicht angewinkelt und mit nach oben hin geöffneter Handfläche seitlich wegstrecken.

Übung in **KÖRPERSPRACHLICHEM AUSDRUCK** und **KOORDINATION**
(für Videounterstützung gut geeignet)

Empfehlungen zur Erläuterung der Übung

➜ Für die Erläuterung der Übung empfiehlt sich eine kurze Wiederholung der wichtigsten Grundregeln für Gesten, wie sie den TN vor der Übung „Drei Dinge" nähergebracht wurden, also eine nochmalige Reflexion der geeigneten Geschwindigkeit, der punktgenauen Koordination mit den verbalen Äußerungen, des anzustrebenden Bewegungsablaufs und der vorteilhaftesten Ausrichtung der jeweiligen Geste.

➜ Zudem empfiehlt es sich, die Gruppe zu informieren, daß derjenige TN, der die Übung als erstes absolviert, bei dieser wie auch bei allen nachfolgenden Übungen ein kurzes Feedback des Trainers erhält und daß dabei richtungsweisend herausgestellt werden wird, was der TN gut gemacht hat und was von den nachfolgenden TN (zusätzlich) beachtet werden soll.

·ereitung

➜ Insgesamt etwa fünf bis sechs Minuten.

➜ Zu Beginn der Vorbereitung stehen erst einmal alle TN auf, bilden Zweiergruppen, stellen sich im Abstand von min. zwei Meter voreinander hin und trainieren die Gesten noch ohne Text zwei bis drei Minuten im Wechsel zu zweit. Dabei probieren sie die diversen Möglichkeiten der Ausführung der Gesten aus und geben sich gegenseitig Rückmeldung dazu.

➜ Im Anschluß an das Zweiergruppentraining noch einmal etwa zwei bis drei Minuten, während derer sich wieder alle TN setzen und jeder für sich alleine im Kopf seine Ideen entwickelt. Kein Konzeptblatt.

Durchführung

➜ Vergewisserung, daß ggf. notwendige Vorkehrungen für die Auswertung getroffen sind.

➜ Einzeln ohne Barriere vor einem offenen Stuhlkreis (und ggf. vor laufender Videokamera).

➜ Applaus nach jedem TN.

➜ Reihenfolge bei einem Freiwilligen beginnend und anschließend im Uhrzeigersinn der Sitzordnung folgend.

➜ Anerkennendes und die nachfolgenden TN orientierendes, prägnantes Feedback seitens des Trainers nach dem bzw. an den ersten TN.

"Einerseits und andererseits"

→ Richtungsweisendes Feedback des Trainers immer dann, wenn TN die Übung verändern. Sollte dies nicht geschehen, kann die Übung ohne weitere Unterbrechung zu Ende geführt werden.

→ Das Erfolgserlebnis jedes einzelnen TN hat Priorität, d.h., daß der Trainer möglichst frühzeitig intervenieren sollte, wenn ein TN zu weit aus der Spur gerät. Einem solchen TN im Anschluß an eine kurze Orientierung lieber noch einmal Gelegenheit geben, von vorne zu beginnen. Auch mit einem möglichen zweiten Fehlstart kann seitens des Trainers entsprechend umgegangen werden, spätestens dann sollte der TN die Übung aber zu Ende führen können und unabhängig von seiner Leistung anschließend ein ausschließlich positives Feedback des Trainers erhalten, in dem der erzielte Fortschritt des TN herausgestellt und das Durchhaltevermögen des TN gewürdigt wird. Ein kleiner Extraapplaus, zu dem sich eine Gruppe immer gerne bereit findet, verfehlt ebenfalls nicht seine Wirkung.

Schwierigkeitsgrad

→ niedrig

Spaßfaktor

→ hoch

Zentrale Nutzeffekte der Übung

→ Ruhigere TN, die dazu tendieren, wenig oder gar nicht zu gestikulieren, kommen in Bewegung.

→ Lebhafte TN, die dazu tendieren, unkontrollierte körpersprachliche Akzente zu setzen, finden einen Weg, ihre Energien zielgerichtet einzusetzen.

→ Die TN lernen, verbale und nonverbale Botschaften wirkungsvoller einzusetzen und aufeinander abzustimmen.

→ Der einzelne TN findet kreative Entfaltungsmöglichkeit.

→ Die TN trainieren einen weiteren kleinen Baustein zu einer gelungenen Präsentation, der bei folgenden Übungen immer wieder eingeflochten, trainiert und reflektiert werden kann.

→ Die Gruppe hat Spaß.

→ Eine weitere Übung, die die Routine der TN vor der Gruppe (und ggf. vor laufender Videokamera) unmerklich fördert.

Übung in **KÖRPERSPRACHLICHEM AUSDRUCK** und **KOORDINATION**
(für Videounterstützung gut geeignet)

Auswertung

→ Siehe Lesezeichen.

Zeitbedarf insgesamt

→ 15-20 Minuten für 15-20 TN ohne Videounterstützung.

→ 30-40 Minuten für 15-20 TN mit Videounterstützung.

Varianten

→ Im Umgang mit Freunden ... – Im Umgang mit Kollegen hingegen ...

→ In den frühen Morgenstunden bin ich ein Mensch, der ... – Spät abends aber ...

→ In meinem Leben gibt es sowohl Tage ... – als auch Tage ...

→ Früher dachte ich immer ... – Mittlerweile bin ich aber zu dem Schluß gekommen ...

→ Mein Vater ist ein Mensch, der ... – Meine Mutter hingegen ...

Notizen

Übung in **ANMODERATION, KÖRPERSPRACHLICHEM AUSDRUCK** und **KOORDINATION**
(für Videounterstützung bedingt geeignet)

⑨ „Who is who"

Aufbau der Übung

→ Die TN begrüßen stehend vor der Gruppe das Publikum, führen kurz in ein frei erfundenes Thema ein und stellen abschließend eine kleine Runde von vier Gästen vor.

→ Dabei wenden sie sich zuerst dem ersten Gast zu, begrüßen ihn persönlich in der Runde und teilen dem Publikum dabei dessen Namen, Herkunft, Alter und Beruf und Beziehung zum Thema der Veranstaltung mit, wenden sich dann dem zweiten Gast zu etc.

→ Die Begrüßung der vier Gäste unterlegen die TN körpersprachlich, d.h., sie wenden sich jeweils dem Gast zu, den sie gerade begrüßen und vorstellen, gehen dabei ein, zwei Schritte auf ihn zu und weisen, während sie zu ihm und über ihn sprechen, mit ausgestrecktem Arm und mit sichtbarer Handinnenseite gemessen in seine Richtung.

Empfehlungen zur Erläuterung der Übung

→ Begrüßung, Einleitung und die Grundregeln körpersprachlichen Ausdrucks haben die TN in den vorhergehenden Übungen bereits reflektieren und trainieren können, so daß es sich bei der Erläuterung dieser Übung empfiehlt, in erster Linie auf die anstehenden Fragen des Umgangs mit Gästen einzugehen.

→ Dabei ist Gelegenheit geboten, auf zentrale gesellschaftliche Höflichkeitsformen und Anstandsregeln anzusprechen, wie bspw. weibliche Gäste vor männlichen Gästen und ältere Gäste vor jüngeren Gästen zu begrüßen bzw. vorzustellen, jedem Gast unvoreingenommen zu begegnen, jeden Gast korrekt und freundlich zu behandeln, keinen Gast gegen den anderen zu bevorzugen oder zu benachteiligen, allgemein gefaßt, die Würde jedes Gastes zu wahren und keinesfalls zu verletzen.

→ Als Inspirationsquelle für die Ideenfindung wie auch für die persönliche Ausgestaltung der Übung empfiehlt es sich, die TN auf die diversen Talkshows hinzuweisen, die sicherlich schon jeder einmal im Fernsehen gesehen hat.

→ Für die Übung selbst empfiehlt es sich, den TN ein konkretes und auch körpersprachlich entsprechend unterlegtes Beispiel zu geben, das sich allerdings auf die Begrüßung des Publikums, die Einleitung in das Thema und die Vorstellung eines

Übung in ANMODERATION, KÖRPERSPRACHLICHEM AUSDRUCK und KOORDINATION
(für Videounterstützung bedingt geeignet)

ersten Gastes beschränken kann, also etwa wie folgt: „Einen wunderschönen guten Morgen und herzlich willkommen zu unserer heutigen Podiumsdiskussion hier im Herzen von Perlach. Mein Name ist Max Bauer, ich bin Chefredakteur der Nordgiesinger Allgemeine und habe das Vergnügen, in den folgenden 90 Minuten Ihr Moderator zu sein. Ich freue mich, daß Sie so zahlreich erschienen sind und möchte Sie gleich zu Beginn mit unserem heutigen Thema bekannt machen. Es lautet: Wieviel Wohnraum braucht der Mensch? Eine Frage, die bei der stetigen Zunahme der Bevölkerungsdichte hier im Großraum München schon seit geraumer Zeit immer lauter gestellt wird. Die Meinungen darüber gehen wie so oft weit auseinander und der Polemik ist dabei mitunter Tür und Tor geöffnet. Daher ist um so erfreulicher, daß ich hier heute mit ihnen vier Gäste begrüßen kann, die sich alle auf seriöse Weise mit diesem Thema befassen. Gemeinsam wollen wir heute versuchen, der Lösung der Frage ein Stück näher zu kommen. (Kleine Pause) Als ersten Gast freue ich mich hier zu meiner Linken Frau Ines Unstrut in unserer Runde begrüßen zu können: Herzlich willkommen, Frau Unstrut! (Kleine Pause) Frau Unstrut stammt aus Starnberg, ist 36 Jahre alt und Mitarbeiterin des Hoch- und Tiefbauamtes der Stadt München. Durch ihre Arbeit ist sie tagtäglich mit den Möglichkeiten und auch mit den Grenzen städtebaulicher Entwicklung konfrontiert. Als nächsten Gast begrüße ich zu meiner Rechten ..." und Stop.

➜ Abschließend empfiehlt es sich, die Gruppe zu informieren, daß derjenige TN, der die Übung als erstes absolviert, bei dieser wie auch bei allen nachfolgenden Übungen ein kurzes Feedback des Trainers erhält und daß dabei richtungsweisend herausgestellt werden wird, was der TN gut gemacht hat und was von den nachfolgenden TN (zusätzlich) beachtet werden soll.

Vorbereitung
....

➜ Etwa zehn Minuten, jeder für sich alleine, stichpunktartiges Konzept, das nach Bedarf auch mit nach vorne genommen werden kann.

Durchführung
....

➜ Vergewisserung, daß ggf. notwendige Vorkehrungen für die Auswertung getroffen sind.

➜ Einzeln ohne Barriere vor einem offenen Stuhlkreis (und ggf. vor laufender Videokamera).

➜ Die Gäste sitzen im leicht geöffneten Halbkreis dem Publikum zugewandt, jeweils zwei zur Linken und zwei zur Rechten des TN, so daß das Publikum alle Gäste ungehindert sehen kann.

43

→ Der Abstand zwischen den Stühlen der Gäste zur Linken und Rechten beträgt jeweils einen knappen Meter, der Abstand zwischen den beiden neben dem TN sitzenden Gästen beträgt mindestens zwei Meter, so daß dem TN ausreichende Bewegungsfreiheit bleibt.

→ Applaus nach jedem TN.

→ Reihenfolge wenn möglich nach eigener Entscheidung der TN, ansonsten der Reihe nach.

→ Anerkennendes und die nachfolgenden TN orientierendes, prägnantes Feedback seitens des Trainers nach dem bzw. an den ersten TN.

→ Richtungsweisendes Feedback des Trainers immer dann, wenn TN die Übung verändern. Sollte dies nicht geschehen, kann die Übung ohne weitere Unterbrechung zu Ende geführt werden.

→ Das Erfolgserlebnis jedes einzelnen TN hat Priorität, d.h., daß der Trainer möglichst frühzeitig intervenieren sollte, wenn ein TN zu weit aus der Spur gerät. Einem solchen TN im Anschluß an eine kurze Orientierung lieber noch einmal Gelegenheit geben, von vorne zu beginnen. Auch mit einem möglichen zweiten Fehlstart kann seitens des Trainers entsprechend umgegangen werden, spätestens dann sollte der TN die Übung aber zu Ende führen können und unabhängig von seiner Leistung anschließend ein ausschließlich positives Feedback des Trainers erhalten, in dem der erzielte Fortschritt des TN herausgestellt und das Durchhaltevermögen des TN gewürdigt wird. Ein kleiner Extraapplaus, zu dem sich eine Gruppe immer gerne bereit findet, verfehlt ebenfalls nicht seine Wirkung.

Schwierigkeitsgrad

→ mittel

Spaßfaktor

→ hoch

Zentrale Nutzeffekte der Übung

→ Die TN sammeln erste Erfahrungen im Umgang mit Menschen vor Publikum.

→ Die TN reflektieren und trainieren den Umgang mit diversen Anstandsregeln.

→ Die TN lernen, verbale und nonverbale Botschaften wirkungsvoller einzusetzen und aufeinander abzustimmen.

→ Der einzelne TN findet kreative Entfaltungsmöglichkeit.

Übung in **ANMODERATION, KÖRPERSPRACHLICHEM AUSDRUCK** und **KOORDINATION**
(für Videounterstützung bedingt geeignet)

→ Die TN trainieren einen weiteren kleinen Baustein zu einer gelungenen Präsentation, der bei folgenden Übungen immer wieder eingeflochten, trainiert und reflektiert werden kann.

→ Die Gruppe hat Spaß.

→ Eine weitere Übung, die die Routine der TN vor der Gruppe (und ggf. vor laufender Videokamera) unmerklich fördert.

Auswertung

→ Siehe Lesezeichen.

Zeitbedarf insgesamt

→ 30-45 Minuten für 15-20 TN ohne Videounterstützung.

→ 60-90 Minuten für 15-20 TN mit Videounterstützung.

Varianten

→ Die vorzustellenden Gäste stehen an der Seite und treten zur Vorstellung nacheinander neben den TN, der sie vorstellt.

→ Die Vorstellung umfaßt eine Begrüßung des jeweiligen Gastes mit Händedruck.

→ Der TN nimmt die Vorstellung sitzend wie in einer Talkshow vor.

Notizen

Übung in **FREIER REDE** und **ASSOZIATION** (für Videounterstützung geeignet)

10 „Gemeinsam sind wir stark"

Aufbau der Übung

→ Die TN führen der Reihe nach eine vom Trainer begonnene Geschichte stehend vor der Gruppe jeweils ein kleines Stück weiter.

→ Der Trainer tritt also bspw. vor die Gruppe und beginnt mit: „Es war einmal ein Mann namens Pepe, der lebte in einer kleinen Hafenstadt am Mittelmeer. Ein Stück oberhalb der Stadt, an einem Südhang gelegen, bewohnte er ein kleines, quietschgelb getünchtes Häuschen mit einem schönen Eukalyptusbaum und einem kleinen Kräutergarten vor der Tür. An einem Sonntagmorgen erwachte er, stand auf, öffnete die Fensterläden und dachte für sich, daß das Wetter eigentlich ideal für eine kleine Bootstour wäre. Und da er Junggeselle war und an diesem Wochenende weiter nichts vor hatte, packte er kurzentschlossen nur noch ein wenig Proviant in seinen alten Picknickkorb, schulterte seine Angelausrüstung, setzte seinen alten Strohhut auf und machte sich in Begleitung seines Hundes Oskar auf den Weg zum Hafen. Dort angekommen, lief er den Bootssteg entlang, bis er zu einer kleinen Segeljolle kam, die er erst vor wenigen Wochen günstig erstanden hatte und die nun sein ganzer Stolz war. Er machte die Leinen los, hißte das Segel und fuhr hinaus aufs Meer."

→ Der Trainer setzt sich und einer der TN tritt vor und führt die Geschichte fort. Er beginnt also bspw. mit: „Bald hatte Pepe die Küste weit hinter sich gelassen ..."

→ Die inhaltliche Ausgestaltung bleibt den TN freigestellt. Sie folgen einfach ihren spontanen Einfällen und erzählen bis zu einem Punkt, der ihrer Ansicht nach geeignet ist, um an den Nächsten abzugeben.

→ Der letzte TN in der Reihe schließt die Geschichte in beliebiger Form ab.

Übung in **FREIER REDE** und **ASSOZIATION** (für Videounterstützung geeignet)

47

Empfehlungen zur Erläuterung der Übung

→ Bei der Erläuterung der Übung empfiehlt es sich, die TN nachdrücklich zu ermutigen, ihrer Phantasie freien Lauf zu lassen, dabei aber auf jegliche Metakommunikation zu verzichten, also keine Sätze zu sagen wie bspw.: „Ja, wo waren wir denn gleich stehengeblieben", „Oh, ich glaube, ich bringe da was durcheinander" oder: „So, jetzt kann der Daniel mal weitererzählen."

→ Zudem empfiehlt es sich, die TN anzuhalten, ihre Passage nicht zu kurz zu gestalten, wie bspw. mit nur zwei bis drei Sätzen, aber auch nicht zu lang, wie bspw. mit 20-30 Sätzen, sondern sich in puncto Umfang an der Eingangspassage des Trainers zu orientieren.

→ Abschließend empfiehlt es sich, die Gruppe zu informieren, daß derjenige TN, der die Übung als erstes absolviert, bei dieser wie auch bei allen nachfolgenden Übungen ein kurzes Feedback des Trainers erhält und daß dabei richtungsweisend herausgestellt werden wird, was der TN gut gemacht hat und was von den nachfolgenden TN (zusätzlich) beachtet werden soll.

Vorbereitung

→ Keine Vorbereitung seitens der TN notwendig.

Durchführung

→ Vergewisserung, daß ggf. notwendige Vorkehrungen für die Auswertung getroffen sind.

→ Einzeln ohne Barriere vor einem offenen Stuhlkreis (und ggf. vor laufender Videokamera).

→ Reihenfolge der Sitzordnung folgend.

→ Anerkennendes und die nachfolgenden TN orientierendes, prägnantes Feedback seitens des Trainers nach dem bzw. an den ersten TN.

→ Richtungsweisendes Feedback des Trainers immer dann, wenn TN die Übung verändern. Sollte dies nicht geschehen, kann die Übung ohne weitere Unterbrechung zu Ende geführt werden.

→ Applaus erst nach dem letzten TN.

→ Das Erfolgserlebnis jedes einzelnen TN hat Priorität, d.h., daß der Trainer möglichst frühzeitig intervenieren sollte, wenn ein TN zu weit aus der Spur gerät. Einem solchen TN im Anschluß an eine kurze Orientierung lieber noch einmal Gelegenheit geben, von vorne zu beginnen. Auch mit einem möglichen zweiten Fehlstart kann seitens des Trainers entsprechend umgegangen werden, spätestens dann sollte der TN die Übung aber zu Ende führen können und unabhängig von seiner Leistung anschließend ein ausschließlich positives Feedback des Trainers erhalten, in dem der erzielte Fortschritt des TN herausgestellt und das Durchhaltevermögen des TN gewürdigt wird. Ein kleiner Extraapplaus, zu dem sich eine Gruppe immer gerne bereit findet, verfehlt ebenfalls nicht seine Wirkung.

Schwierigkeitsgrad

→ mittel

Spaßfaktor

→ sehr hoch

Zentrale Nutzeffekte der Übung

→ Die TN trainieren, sich spontan und in freier Rede vor dem Publikum zu äußern.

→ Der einzelne TN findet kreative Entfaltungsmöglichkeit.

→ Die Gruppe hat Spaß.

→ Eine weitere Übung, die die Routine der TN vor der Gruppe (und ggf. vor laufender Videokamera) unmerklich fördert.

Auswertung

→ Siehe Lesezeichen.

Zeitbedarf insgesamt

→ 5-10 Minuten für 15-20 TN ohne Videounterstützung.

→ 25-50 Minuten für 15-20 TN mit Videounterstützung.

Varianten

→ Jeder TN bestimmt abschließend per Fingerzeig, wer als nächstes nach vorne kommen und die Geschichte fortsetzen soll.

→ Jeder TN führt die Geschichte nur um eine bestimmte Anzahl Sätze fort.

→ Jeder TN übergibt abschließend mit einem begonnenen Satz, der vom nachfolgenden TN vollendet wird.

→ Jeder TN führt eine neue Person oder ein neues Tier in die Geschichte ein.

→ Jeder TN beginnt seine Fortsetzung mit einer Frage.

→ Jeder TN führt die Geschichte aus neuer und möglichst skurriler Perspektive fort. Bei der Erläuterung dieser Variante empfiehlt es sich, diverse Möglichkeiten im Überblick und an einzelnen Beispielen aufzuzeigen. Also etwa Verschiebungen auf der Zeitachse anzusprechen und beispielhaft Ansätze aufzuzeigen, wie etwa „Eine Woche zuvor ..." oder „500 Jahre später ...", oder Ortswechsel („Im Kellergeschoß des gegenüberliegenden Hauses ..." oder „In einer Telefonzelle auf dem Marktplatz der weit entfernten sibirischen Stadt Nowgorod ...") oder Wechsel der Identität des Erzählers („Ich bin die ehemalige Religionslehrerin von Tobias ..." oder „Ich bin das Meer, auf dem das Boot dahinsegelte ...") oder Wechsel auf Abstraktionsebenen („Was kann ein Mensch in einer solchen Lage tun?" oder „Wie bewertet die moderne Verhaltensforschung ein solches Verhalten?") oder Wechsel der Realitätsebenen („Plötzlich erwachte Gunda aus diesem Traum ..." oder „Beim Schreiben dieser Geschichte überkam Rudolf an seiner Schreibmaschine plötzlich ein unwiderstehlicher Heißhunger auf Schokoladenkuchen ...") etc. Es empfiehlt sich zudem, auf die Möglichkeit der Kombination dieser Techniken hinzuweisen.

→ Bei Einsatz von Video: Alle TN treten gemeinsam nach vorne und bilden eine Schlange. Der jeweilig Wortführende steht der Kamera am nächsten, wird möglichst im Portraitformat eingefangen und stellt sich anschließend wieder hinten an. Die Kamera filmt die Übung ohne Unterbrechung. Einem lebendigen Ablauf förderlich ist eine Begrenzung auf zwei oder drei Sätze pro TN. Bei Verwendung eines externen Mikrofons, das quasi als Staffelstab fungiert, empfiehlt es sich, die TN vorab aufzufordern, das Mikrofon jeweils möglichst nah am Mund zu halten.

→ Zweier- (A-B) oder Dreiergruppen (A-B-C) bilden, die nacheinander einzeln vortreten und im beliebig andauernden Wechsel A-B-A-B-A etc. oder A-B-C-A-B-C-A etc. eine Geschichte erzählen, deren Anfang erst unmittelbar bei Auftritt der Gruppe vom Trainer vorgegeben wird. Ansonsten entsteht Unruhe durch vorbereitende Absprachen in den Gruppen, deren Auftritt noch bevorsteht.

Übung in **ASSOZIATION** und **DRAMATURGIE** (für Videounterstützung geeignet)

11 „Halbe Miete"

Aufbau der Übung

→ Die TN ergänzen stehend vor der Gruppe vorgegebene unvollendete Sätze.

→ Die Tafel wird dazu an die hintere Wand des Trainingsraums, also in den Rücken der Gruppe gestellt, bzw. falls die Tafel fest montiert sein sollte, setzt sich die Gruppe einfach entsprechend um.

→ Der Trainer schreibt untereinander folgende drei Satzanfänge an die Tafel:

→ „Im Urlaub bevorzuge ich ..."

→ „Dabei ist es mir besonders wichtig ..."

→ „Noch schöner ist es, wenn ..."

→ Die einzelnen TN treten nun nacheinander vor die Gruppe, wobei sie sowohl den Blick auf ihr Publikum wie auch auf die Tafel haben, und präsentieren die drei Sätze in vervollständigter Form.

Empfehlungen zur Erläuterung der Übung

→ Es empfiehlt sich, die TN zu ermutigen, ihrer Phantasie freien Lauf zu lassen, sich also nicht ausschließlich an persönlichen Erfahrungswerten zu orientieren, und ihren Vortrag zudem gerne auch auf geeignete Weise körpersprachlich zu untersetzen.

→ Im Gegensatz zu vorherigen Übungen empfiehlt es sich bei dieser kleinen Übung, auf ein konkretes Beispiel seitens des Trainers zu verzichten, um die kreativen Spielräume der TN nicht ungewollt einzuengen.

→ Abschließend empfiehlt es sich, die Gruppe zu informieren, daß derjenige TN, der die Übung als erstes absolviert, bei dieser wie auch bei allen nachfolgenden Übungen ein kurzes Feedback des Trainers erhält und daß dabei richtungsweisend herausgestellt werden wird, was der TN gut gemacht hat und was von den nachfolgenden TN (zusätzlich) beachtet werden soll.

Vorbereitung

➜ Etwa zwei bis drei Minuten, während derer jeder für sich alleine im Kopf seine Ideen entwickelt. Kein Konzeptblatt.

Durchführung

➜ Vergewisserung, daß ggf. notwendige Vorkehrungen für die Auswertung getroffen sind.

➜ Einzeln ohne Barriere vor einem offenen Stuhlkreis (und ggf. vor laufender Videokamera).

➜ Applaus nach jedem TN.

➜ Reihenfolge wenn möglich nach eigener Entscheidung der TN, ansonsten der Reihe nach.

➜ Anerkennendes und die nachfolgenden TN orientierendes, prägnantes Feedback seitens des Trainers nach dem bzw. an den ersten TN.

➜ Richtungsweisendes Feedback des Trainers immer dann, wenn TN die Übung verändern. Sollte dies nicht geschehen, kann die Übung ohne weitere Unterbrechung zu Ende geführt werden.

➜ Das Erfolgserlebnis jedes einzelnen TN hat Priorität, d.h., daß der Trainer möglichst frühzeitig intervenieren sollte, wenn ein TN zu weit aus der Spur gerät. Einem solchen TN im Anschluß an eine kurze Orientierung lieber noch einmal Gelegenheit geben, von vorne zu beginnen. Auch mit einem möglichen zweiten Fehlstart kann seitens des Trainers entsprechend umgegangen werden, spätestens dann sollte der TN die Übung aber zu Ende führen können und unabhängig von seiner Leistung anschließend ein ausschließlich positives Feedback des Trainers erhalten, in dem der erzielte Fortschritt des TN herausgestellt und das Durchhaltevermögen des TN gewürdigt wird. Ein kleiner Extraapplaus, zu dem sich eine Gruppe immer gerne bereit findet, verfehlt ebenfalls nicht seine Wirkung.

Schwierigkeitsgrad

➜ niedrig

Spaßfaktor

➜ hoch

Übung in ASSOZIATION und DRAMATURGIE (für Videounterstützung geeignet)

Zentrale Nutzeffekte der Übung

→ Die TN trainieren, vorbereitete Inhalte in freier Rede vor dem Publikum zu präsentieren.

→ Die TN lernen, dabei dramaturgisch zu inszenieren.

→ Der einzelne TN findet kreative Entfaltungsmöglichkeit.

→ Die Gruppe hat Spaß.

→ Eine weitere Übung, die die Routine der TN vor der Gruppe (und ggf. vor laufender Videokamera) unmerklich fördert.

Auswertung

→ Siehe Lesezeichen.

Zeitbedarf insgesamt

→ 10-15 Minuten für 15-20 TN ohne Videounterstützung.

→ 30-45 Minuten für 15-20 TN mit Videounterstützung.

Varianten

→ Ich bin ein Mensch, der ... – Meine besonderen Stärken liegen ... – Meine Eltern sagen immer ...

→ Wenn ich abends im Bett liege, stelle ich mir manchmal vor, ... – Dann träume ich von ... – Und dann ...

→ Als ich klein war, wollte ich unbedingt ... werden. – Was mich an diesem Beruf besonders fasziniert hat, war ... – Heute denke ich, daß ...

→ Wenn ich ein Tier wäre, dann wäre ich ... – Was mir daran am besten gefallen würde, wäre ... – Ich würde ...

→ Für meine Zukunft ... – In erster Linie deshalb, weil ... – Aber andererseits ...

53

Übung in **KOORDINATION** und **LEITUNG** (für Videounterstützung gut geeignet)

12 „Kommando"

Aufbau der Übung

→ Die TN leiten die Gruppe von vorne und stehend nach vorgegebenem Muster zu bestimmten Verhaltensweisen und kleinen gymnastischen Übungen, wie bspw. auf der Stelle hüpfen, Kniebeugen oder Rumpfkreisen an.

→ Die Tafel wird dazu an die hintere Wand des Trainingsraums, also in den Rücken der Gruppe gestellt, bzw. falls die Tafel fest montiert sein sollte, setzt sich die Gruppe einfach entsprechend um.

→ Die Sitzordnung der Gruppe wird auf möglichsten Abstand hin angelegt und läßt jedem einzelnen ausreichend Platz.

→ Der Trainer schreibt untereinander folgende inhaltliche Vorgaben an die Tafel:
„Guten Morgen, alle mal aufstehen!"
(Anleitung zur ersten kleinen gymnastischen Übung)
(Anleitung zur zweiten kleinen gymnastischen Übung)
„Sehr schön, jetzt alle wieder hinsetzen!"
„Und Applaus!"
„Mehr Applaus!"
„Lauter!"
„Noch lauter!"
„Gut, danke. Vielen Dank!"
„Und noch mal alle aufstehen!"
„Und wieder hinsetzen!"
„So, das wars."
„Dankeschön!"

→ Die einzelnen TN treten nun nacheinander vor die Gruppe, wobei sie sowohl den Blick auf ihr Publikum und auf die Tafel haben, und folgen dem vorgegebenen Fahrplan.

Empfehlungen zur Erläuterung der Übung

→ Der Trainer trägt die Verantwortung, der Verletzungsgefahr ausreichend vorzubeugen. Dazu empfehlen sich grundsätzlich einige kleine Aufwärm- und Stretch-Übungen vorab, die Einhaltung ausreichender Abstände in der Gruppe, der vollständige Verzicht auf akrobatisch angelegte Übungen und die Beschrän-

*Übung in **KOORDINATION** und **LEITUNG** (für Videounterstützung gut geeignet)*

kung auf Übungen im Stehen, der vollständige Verzicht auf Einsatz von Hilfs-
oder Übungsgerät, wie insbesondere der vorhandenen Tische und Stühle, auf
Übungen, die von mehreren Personen gemeinsam ausgeführt werden sowie die
Aufforderung an die Gruppe, untereinander Rücksicht walten zu lassen, und an jeden einzelnen, nicht über eigene Grenzen hinauszugehen. So kann das Ganze für
alle Beteiligten zu einem großen Spaß werden.

➜ Da die Anzahl geeigneter gymnastischer Übungen begrenzt ist, empfiehlt es sich,
   darauf hinzuweisen, daß Wiederholungen von Übungen, die vorhergehende TN
   bereits in ihrem Repertoire hatten, im Übungsverlauf unausweichlich und zunehmend häufiger vorkommen werden, und daß jeder TN unabhängig davon bei den
   Übungen bleiben soll, für die er sich in der Vorbereitung entschieden hat.

➜ Für die Übung selbst empfiehlt es sich, den TN ein konkretes Beispiel zu geben,
   wobei insbesondere das Ausmaß der persönlich aufgebrachten Motivation und
   Energie zur Richtschnur für die TN wird.

➜ Zudem ist zu empfehlen, inmitten der Gruppe aktiv an der Übung teilzunehmen
   und der Gruppe dies vorab anzukündigen.

➜ Abschließend empfiehlt es sich, die Gruppe zu informieren, daß derjenige TN, der
   die Übung als erstes absolviert, bei dieser wie auch bei allen nachfolgenden Übungen ein kurzes Feedback des Trainers erhält und daß dabei richtungsweisend herausgestellt werden wird, was der TN gut gemacht hat und was von den nachfolgenden TN (zusätzlich) beachtet werden soll.

Vorbereitung

➜ Etwa fünf Minuten, während derer jeder für sich alleine im Kopf seine Ideen entwickelt. Kein Konzeptblatt.

Durchführung

➜ Vergewisserung, daß ggf. notwendige Vorkehrungen für die Auswertung getroffen
   sind.

➜ Einzeln ohne Barriere vor einem offenen Stuhlkreis (und ggf. vor laufender Videokamera).

➜ Reihenfolge wenn möglich nach eigener Entscheidung der TN, ansonsten der Reihe nach.

➜ Anerkennendes und die nachfolgenden TN orientierendes, prägnantes Feedback
   seitens des Trainers nach dem bzw. an den ersten TN.

„Kommando"

→ Richtungsweisendes Feedback des Trainers immer dann, wenn TN die Übung verändern. Sollte dies nicht geschehen, kann die Übung ohne weitere Unterbrechung zu Ende geführt werden.

→ Das Erfolgserlebnis jedes einzelnen TN hat Priorität, d.h., daß der Trainer möglichst frühzeitig intervenieren sollte, wenn ein TN zu weit aus der Spur gerät. Einem solchen TN im Anschluß an eine kurze Orientierung lieber noch einmal Gelegenheit geben, von vorne zu beginnen. Auch mit einem möglichen zweiten Fehlstart kann seitens des Trainers entsprechend umgegangen werden, spätestens dann sollte der TN die Übung aber zu Ende führen können und unabhängig von seiner Leistung anschließend ein ausschließlich positives Feedback des Trainers erhalten, in dem der erzielte Fortschritt des TN herausgestellt und das Durchhaltevermögen des TN gewürdigt wird. Ein kleiner Extraapplaus, zu dem sich eine Gruppe immer gerne bereit findet, verfehlt ebenfalls nicht seine Wirkung.

Schwierigkeitsgrad

→ mittel

Spaßfaktor

→ sehr hoch

Zentrale Nutzeffekte der Übung

→ Die TN erleben, daß eine Gruppe von Menschen das tut, was sie vorgeben.

→ Die TN lernen, daß ihr Energiepotential darüber entscheidet, wieviel Energie die Gruppe zu investieren bereit ist.

→ Die TN trainieren, vorbereitete Inhalte in freier Rede vor dem Publikum zu präsentieren.

→ Der einzelne TN findet kreative Entfaltungsmöglichkeit.

→ Die Gruppe kommt in Bewegung.

→ Die Gruppe hat Spaß.

→ Eine weitere Übung, die die Routine der TN vor der Gruppe (und ggf. vor laufender Videokamera) unmerklich fördert.

Auswertung

→ Siehe Lesezeichen.

Übung in **KOORDINATION** und **LEITUNG** (für Videounterstützung gut geeignet)

Zeitbedarf insgesamt

➜ 15-20 Minuten für 15-20 TN ohne Videounterstützung.

➜ 45-60 Minuten für 15-20 TN mit Videounterstützung.

Varianten

➜ Eine Kleingruppe sitzend als Adressat zwischen Redner und Zuschauern plazieren.

➜ Beliebige Ausgestaltung oder Veränderung der inhaltlichen Vorgabe.

Notizen

Übung in **SPRACHLICHER GESTALTUNG** (für Videounterstützung sehr gut geeignet)

13 „Ab die Post"

Aufbau der Übung

→ Die TN erzählen vor der Gruppe stehend eine Minute lang so schnell sie nur können eine x-beliebige Geschichte, die immer mit „Es war einmal ..." beginnt.

Übung in **SPRACHLICHER GESTALTUNG** (für Videounterstützung sehr gut geeignet)

Empfehlungen zur Erläuterung der Übung

→ Die Erläuterung der Übung gibt Gelegenheit, Fragen des sprachlichen Ausdrucks und der sprachlichen Gestaltung grundsätzlich zu reflektieren, dabei insbesondere auf Tempo, Lautstärke und Betonung einzugehen sowie den TN zu verdeutlichen, daß gleich welche Form von Eintönigkeit demotivierend auf das Publikum wirkt und Extreme in der sprachlichen Ausgestaltung wohl bedacht sein wollen, da sie starke Reize setzen, die den Inhalt für die Zuhörer schon nach kurzer Zeit weit in den Hintergrund treten lassen.

→ Für die Übung selbst empfiehlt es sich herauszustellen, daß sprachliche und grammatikalische Richtigkeit genauso wenig von Interesse sind wie ein logischer inhaltlicher Zusammenhang und daß die Geschichte nicht zu einem Abschluß gebracht, sondern einfach bis zum Ablauf der Zeit weiterentwickelt werden soll.

→ Ein konkretes Beispiel durch den Trainer, der eine Minute lang sein Bestes gibt, spornt die TN zusätzlich an und nimmt gleichzeitig den Druck.

→ Abschließend empfiehlt es sich, die Gruppe zu informieren, daß derjenige TN, der die Übung als erstes absolviert, bei dieser wie auch bei allen nachfolgenden Übungen ein kurzes Feedback des Trainers erhält und daß dabei richtungsweisend herausgestellt werden wird, was der TN gut gemacht hat und was von den nachfolgenden TN (zusätzlich) beachtet werden soll.

Vorbereitung

→ Etwa zwei bis drei Minuten, während derer jeder für sich allein eine Idee entwickelt und einen ersten Satz überlegt. Kein Konzeptblatt.

Durchführung

→ Vergewisserung, daß ggf. notwendige Vorkehrungen für die Auswertung getroffen sind.

→ Einzeln ohne Barriere vor einem offenen Stuhlkreis (und ggf. vor laufender Videokamera).

→ Der Trainer gibt das Startsignal, nimmt die Zeit und stoppt nach Ablauf von einer Minute.

→ Applaus nach jedem TN.

→ Reihenfolge wenn möglich nach eigener Entscheidung der TN, ansonsten der Reihe nach.

→ Anerkennendes und die nachfolgenden TN orientierendes, prägnantes Feedback seitens des Trainers nach dem bzw. an den ersten TN.

→ Richtungsweisendes Feedback des Trainers immer dann, wenn TN die Übung verändern. Sollte dies nicht geschehen, kann die Übung ohne weitere Unterbrechung zu Ende geführt werden.

→ Das Erfolgserlebnis jedes einzelnen TN hat Priorität, d.h., daß der Trainer möglichst frühzeitig intervenieren sollte, wenn ein TN zu weit aus der Spur gerät. Einem solchen TN im Anschluß an eine kurze Orientierung lieber noch einmal Gelegenheit geben, von vorne zu beginnen. Auch mit einem möglichen zweiten Fehlstart kann seitens des Trainers entsprechend umgegangen werden, spätestens dann sollte der TN die Übung aber zu Ende führen können und unabhängig von seiner Leistung anschließend ein ausschließlich positives Feedback des Trainers erhalten, in dem der erzielte Fortschritt des TN herausgestellt und das Durchhaltevermögen des TN gewürdigt wird. Ein kleiner Extraapplaus, zu dem sich eine Gruppe immer gerne bereit findet, verfehlt ebenfalls nicht seine Wirkung.

Schwierigkeitsgrad

→ mittel

Spaßfaktor

→ sehr hoch

Zentrale Nutzeffekte der Übung

→ Die (Selbst-)Wahrnehmung der TN wird auf die Sprachgeschwindigkeit gelenkt.

→ Die TN erleben selbst, daß es ab einer bestimmten Geschwindigkeit schwierig bis unmöglich wird, ausreichend Luft zu holen und den Überblick zu behalten.

→ Der einzelne TN findet kreative Entfaltungsmöglichkeit.

→ Die Gruppe hat Spaß.

→ Eine weitere Übung, die die Routine der TN vor der Gruppe (und ggf. vor laufender Videokamera) unmerklich fördert.

Auswertung

→ Siehe Lesezeichen.

Übung in **SPRACHLICHER GESTALTUNG** (für Videounterstützung sehr gut geeignet)

Zeitbedarf insgesamt

→ 25-30 Minuten für 15-20 TN ohne Videounterstützung.

→ 50-60 Minuten für 15-20 TN mit Videounterstützung.

Varianten

→ Eine Minute lang so *langsam* wie möglich, beginnend mit „Es war einmal ..."

→ Eine Minute lang so *laut* wie möglich, beginnend mit „Es war einmal ..."

→ Eine Minute lang so *leise* wie möglich, beginnend mit „Es war einmal ..."

→ Eine Minute lang so *monoton* wie möglich, beginnend mit „Es war einmal ..."

→ Eine Minute lang so *hysterisch* wie möglich, beginnend mit „Es war einmal ..."

→ Kombinationen zweier Vorgaben, bspw. eine Minute lang so leise und so schnell wie möglich, beginnend mit „Es war einmal ..."

→ Ausgesprochen unterhaltsam gestaltet sich diese Übung, wenn mehrere Varianten nacheinander aufgezeichnet und zusammen angeschaut und ausgewertet werden.

Notizen

Übung in **ARTIKULATION** (für Videounterstützung sehr gut geeignet)

14 „Mahlzeit"

Aufbau der Übung

→ Die TN erzählen vor der Gruppe stehend eine Minute lang von ihren kulinarischen Vorlieben, wobei sie nach jedem einzelnen Wort so ausgeprägt wie möglich schmatzen.

→ Die TN beginnen dabei mit „Mein (schmatz!) Lieblingsessen (schmatz!) ..."

Empfehlungen zur Erläuterung der Übung

→ Es empfiehlt sich, der Erläuterung der Übung eine Reflexion grundsätzlicher Fragen sprachlichen Ausdrucks und der sprachlichen Gestaltung voranzustellen und dabei insbesondere auf Füllwörter, -sätze und -laute einzugehen. Den TN wird dabei deutlich, daß es sich zumeist einfach nur um Angewohnheiten handelt, die jeder Mensch in verschiedenen Lebensphasen mehr oder minder ausgeprägt entwickelt und die er selbst häufig kaum noch oder überhaupt nicht mehr realisiert, das Publikum hingegen um so mehr. Die starke Sogwirkung auf die Wahrnehmung des Publikums und die Auswirkungen auf die Befindlichkeit der Zuhörer schließlich können bspw. an dem Füll-Laut „eh" anschaulich erläutert werden, mit dem vermutlich jeder Mensch Erinnerungen an bestimmte Personen, Situationen oder Schulfächer verbindet. Allgemein gilt auch hier, je extremer die sprachlichen Auffälligkeiten, desto weiter tritt der Inhalt für den Zuhörer dahinter zurück.

→ Zur Übung selbst empfiehlt es sich, die TN aufzufordern, ganz in Ruhe vorzugehen und jedes Wort quasi durch das Schmatzgeräusch auf der Zunge zergehen zu lassen.

→ Ein konkretes Beispiel durch den Trainer, der dabei ausladend und mit weit öffnendem Mund schmatzt, gibt den TN Orientierung über den Zeittakt und verführt zur hemmungslosen Nachahmung.

→ Abschließend empfiehlt es sich, die Gruppe zu informieren, daß derjenige TN, der die Übung als erstes absolviert, bei dieser wie auch bei allen nachfolgenden Übungen ein kurzes Feedback des Trainers erhält und daß dabei richtungsweisend herausgestellt werden wird, was der TN gut gemacht hat und was von den nachfolgenden TN (zusätzlich) beachtet werden soll.

Übung in **ARTIKULATION** (für Videounterstützung sehr gut geeignet)

Vorbereitung

→ Etwa zwei bis drei Minuten, während derer jeder für sich allein eine Idee entwickelt und seine ersten beiden Sätze überlegt. Kein Konzeptblatt.

Durchführung

→ Vergewisserung, daß ggf. notwendige Vorkehrungen für die Auswertung getroffen sind.

→ Einzeln ohne Barriere vor einem offenen Stuhlkreis (und ggf. vor laufender Videokamera).

→ Der Trainer gibt das Startsignal, nimmt die Zeit und stoppt nach Ablauf von einer Minute.

→ Applaus nach jedem TN.

→ Reihenfolge wenn möglich nach eigener Entscheidung der TN, ansonsten der Reihe nach.

→ Anerkennendes und die nachfolgenden TN orientierendes, prägnantes Feedback seitens des Trainers nach dem bzw. an den ersten TN.

→ Richtungsweisendes Feedback des Trainers immer dann, wenn TN die Übung verändern. Sollte dies nicht geschehen, kann die Übung ohne weitere Unterbrechung zu Ende geführt werden.

→ Das Erfolgserlebnis jedes einzelnen TN hat Priorität, d.h., daß der Trainer möglichst frühzeitig intervenieren sollte, wenn ein TN zu weit aus der Spur gerät. Einem solchen TN im Anschluß an eine kurze Orientierung lieber noch einmal Gelegenheit geben, von vorne zu beginnen. Auch mit einem möglichen zweiten Fehlstart kann seitens des Trainers entsprechend umgegangen werden, spätestens dann sollte der TN die Übung aber zu Ende führen können und unabhängig von seiner Leistung anschließend ein ausschließlich positives Feedback des Trainers erhalten, in dem der erzielte Fortschritt des TN herausgestellt und das Durchhaltevermögen des TN gewürdigt wird. Ein kleiner Extraapplaus, zu dem sich eine Gruppe immer gerne bereit findet, verfehlt ebenfalls nicht seine Wirkung.

Schwierigkeitsgrad

→ mittel

„Mahlzeit"

Spaßfaktor

→ sehr hoch

Zentrale Nutzeffekte der Übung

→ Die (Selbst-)Wahrnehmung der TN wird auf Schmatzgeräusche und damit gleichzeitig auf alle weiteren Formen unartikulierter Laute gelenkt.

→ Der einzelne TN findet kreative Entfaltungsmöglichkeit.

→ Die Gruppe hat Spaß.

→ Eine weitere Übung, die die Routine der TN vor der Gruppe (und ggf. vor laufender Videokamera) unmerklich fördert.

Auswertung

→ Siehe Lesezeichen.

Zeitbedarf insgesamt

→ 25-30 Minuten für 15-20 TN ohne Videounterstützung.

→ 50-60 Minuten für 15-20 TN mit Videounterstützung.

Varianten

Gezielte Zuordnung individuell vorhandener und beobachteter Neigung zu:

→ Füllwörtern wie „irgendwie", Modewörtern wie „stark" oder Füllsätzen wie „Ich sag einmal ..."

→ Pausenfüllern wie „äh", „öh", „em" oder einem langgezogenem „Und".

→ Über- oder Untertreibungen bzw. Superlativen oder Verniedlichungen.

→ Begleitgeräuschen wie räuspern, hüsteln oder schniefen.

Übung in **KÖRPERSPRACHLICHEM AUSDRUCK** (für Videounterstützung sehr gut geeignet)

15 „Juckreiz"

Aufbau der Übung

→ Die TN erzählen vor der Gruppe stehend eine Minute lang eine x-beliebige Geschichte, die immer mit „Es war einmal ..." beginnt.

→ Dabei kratzen, jucken, schubbern und scheuern sich die TN ohne Unterlaß und unter Einsatz von Armen, Händen und Beinen an allen denkbaren jugendfreien Stellen.

65

Empfehlungen zur Erläuterung der Übung

→ Die Erläuterung der Übung gibt Gelegenheit, unkontrollierte bzw. unpassende körpersprachliche Akzente und Gestaltungsmerkmale grundsätzlich zu reflektieren. Insbesondere kann dabei unter Hinweis auf die Abstammung vom Affen auf die individuell unterschiedlich stark ausgeprägte Bewegungsenergie und den daraus resultierenden Bewegungsdrang des Menschen eingegangen werden, der sich unter Streß und bei Unterdrückung noch zusätzlich verstärkt. Dabei empfiehlt es sich, den TN die starke Sogwirkung unkontrollierter bzw. unpassender körpersprachlicher Akzente auf die Wahrnehmung und die Befindlichkeit der Zuschauer zu verdeutlichen, die den Inhalt wiederum weit in den Hintergrund treten lassen. Gleichzeitig kann aber auch der Lösungsweg einer bewußten, aktiven und koordinierten körpersprachlichen Ausgestaltung aufgezeigt werden, die der Bewegungsenergie den notwendigen Raum verschafft, diese in geeignete Bahnen lenkt und keine Irritationen beim Publikum hervorruft.

→ Für die Übung selbst empfiehlt sich zur Orientierung für die TN ein konkretes und möglichst lebhaftes Beispiel durch den Trainer.

→ Abschließend empfiehlt es sich, die Gruppe zu informieren, daß derjenige TN, der die Übung als erstes absolviert, bei dieser wie auch bei allen nachfolgenden Übungen ein kurzes Feedback des Trainers erhält und daß dabei richtungsweisend herausgestellt werden wird, was der TN gut gemacht hat und was von den nachfolgenden TN (zusätzlich) beachtet werden soll.

Vorbereitung

→ Etwa zwei bis drei Minuten, während derer jeder für sich allein eine Idee entwickelt und einen ersten Satz überlegt. Kein Konzeptblatt.

Durchführung

→ Vergewisserung, daß ggf. notwendige Vorkehrungen für die Auswertung getroffen sind.

→ Einzeln ohne Barriere vor einem offenen Stuhlkreis (und ggf. vor laufender Videokamera).

→ Der Trainer gibt das Startsignal, nimmt die Zeit und stoppt nach Ablauf von einer Minute.

→ Applaus nach jedem TN.

→ Reihenfolge wenn möglich nach eigener Entscheidung der TN, ansonsten der Reihe nach.

Übung in **KÖRPERSPRACHLICHEM AUSDRUCK** (für Videounterstützung sehr gut geeignet)

→ Anerkennendes und die nachfolgenden TN orientierendes, prägnantes Feedback seitens des Trainers nach dem bzw. an den ersten TN.

→ Richtungsweisendes Feedback des Trainers immer dann, wenn TN die Übung verändern. Sollte dies nicht geschehen, kann die Übung ohne weitere Unterbrechung zu Ende geführt werden.

→ Das Erfolgserlebnis jedes einzelnen TN hat Priorität, d.h., daß der Trainer möglichst frühzeitig intervenieren sollte, wenn ein TN zu weit aus der Spur gerät. Einem solchen TN im Anschluß an eine kurze Orientierung lieber noch einmal Gelegenheit geben, von vorne zu beginnen. Auch mit einem möglichen zweiten Fehlstart kann seitens des Trainers entsprechend umgegangen werden, spätestens dann sollte der TN die Übung aber zu Ende führen können und unabhängig von seiner Leistung anschließend ein ausschließlich positives Feedback des Trainers erhalten, in dem der erzielte Fortschritt des TN herausgestellt und das Durchhaltevermögen des TN gewürdigt wird. Ein kleiner Extraapplaus, zu dem sich eine Gruppe immer gerne bereit findet, verfehlt ebenfalls nicht seine Wirkung.

Schwierigkeitsgrad

→ mittel

Spaßfaktor

→ sehr hoch

Zentrale Nutzeffekte der Übung

→ Die (Selbst-)Wahrnehmung der TN wird auf unkontrollierte körpersprachliche Akzente gelenkt.

→ Der einzelne TN findet kreative Entfaltungsmöglichkeit.

→ Die Gruppe hat Spaß.

→ Eine weitere Übung, die die Routine der TN vor der Gruppe (und ggf. vor laufender Videokamera) unmerklich fördert.

Auswertung

→ Siehe Lesezeichen.

„Juckreiz"

Zeitbedarf insgesamt

→ 25-30 Minuten für 15-20 TN ohne Videounterstützung.

→ 50-60 Minuten für 15-20 TN mit Videounterstützung.

Variante

→ Gezielte Zuordnung individuell vorhandener und beobachteter Neigungen wie etwa an die Nase oder den Hals fassen oder mit der Hüfte wippen etc. an die einzelnen TN.

Notizen

Übung zur **VERWENDUNG VON FRAGEN** (für Videounterstützung geeignet)

16 „Nichts als Fragen"

Aufbau der Übung

→ Die TN erzählen vor der Gruppe stehend eine Minute lang eine Geschichte, die ausschließlich aus Fragen besteht.

Empfehlungen zur Erläuterung der Übung

→ Die Erläuterung der Übung gibt Gelegenheit, das Stilmittel Fragen grundsätzlich zu reflektieren. Dabei kann sowohl auf die Auswirkungen der Verwendung von Fragen in einem Vortrag allgemein eingegangen werden wie auch auf die verschiedenen Arten von Fragen, also offene, geschlossene, rhetorische bzw. suggestive etc., und auf deren jeweilige Vor- und Nachteile.

→ Für die Übung selbst empfiehlt sich ein praktisches Beispiel durch den Trainer, wie etwa: „Was geschah in der Nacht zum 24. Oktober 1997 in der Schenke zum einsamen Wolf am Wendelstein? Wie kam es, daß sich weder die drei anwesenden Stammgäste Heinrich, Wilhelm und Paul noch der Wirt, den alle nur Glux nannten, später an Einzelheiten erinnern konnten? Wie hatte der alte schrullige Forstmeister Andernach sich überhaupt unbemerkt in den Schankraum schleichen können? Und woher hatte er gewußt, daß Glux, der nie viele Worte machte, gerade heute Geburtstag hatte? Wie war Andernach nur auf die abwegige Idee gekommen, ein Freudenfeuerwerk in einem geschlossenen Raum anzuzünden? Warum hatte er sich dabei nicht zumindest auf eine Wunderkerze oder eine klitzekleine Rakete beschränkt, sondern gleich ein ganzes Arsenal der größten Raketen und Böller genommen, die auf dem Schwarzmarkt zu haben waren? Ist es nicht überhaupt ein Wunder, daß niemand ernsthaft zu Schaden kam? Und verwundert das nicht um so mehr, als doch vom einsamen Wolf kaum mehr als die Erinnerung blieb?" etc.

→ Abschließend empfiehlt es sich, die Gruppe zu informieren, daß derjenige TN, der die Übung als erstes absolviert, bei dieser wie auch bei allen nachfolgenden Übungen ein kurzes Feedback des Trainers erhält und daß dabei richtungsweisend herausgestellt werden wird, was der TN gut gemacht hat und was von den nachfolgenden TN (zusätzlich) beachtet werden soll.

Vorbereitung

→ Etwa zwei bis drei Minuten, während derer jeder für sich allein eine Idee entwickelt und erste Fragen überlegt. Kein Konzeptblatt.

Durchführung

→ Vergewisserung, daß ggf. notwendige Vorkehrungen für die Auswertung getroffen sind.

→ Einzeln ohne Barriere vor einem offenen Stuhlkreis (und ggf. vor laufender Video-kamera).

→ Der Trainer gibt das Startsignal, nimmt die Zeit und stoppt nach Ablauf von einer Minute.

→ Applaus nach jedem TN.

→ Reihenfolge wenn möglich nach eigener Entscheidung der TN, ansonsten der Reihe nach.

→ Anerkennendes und die nachfolgenden TN orientierendes, prägnantes Feedback seitens des Trainers nach dem bzw. an den ersten TN.

→ Richtungsweisendes Feedback des Trainers immer dann, wenn TN die Übung verändern. Sollte dies nicht geschehen, kann die Übung ohne weitere Unterbrechung zu Ende geführt werden.

→ Das Erfolgserlebnis jedes einzelnen TN hat Priorität, d.h., daß der Trainer möglichst frühzeitig intervenieren sollte, wenn ein TN zu weit aus der Spur gerät. Einem solchen TN im Anschluß an eine kurze Orientierung lieber noch einmal Gelegenheit geben, von vorne zu beginnen. Auch mit einem möglichen zweiten Fehlstart kann seitens des Trainers entsprechend umgegangen werden, spätestens dann sollte der TN die Übung aber zu Ende führen können und unabhängig von seiner Leistung anschließend ein ausschließlich positives Feedback des Trainers erhalten, in dem der erzielte Fortschritt des TN herausgestellt und das Durchhaltevermögen des TN gewürdigt wird. Ein kleiner Extraapplaus, zu dem sich eine Gruppe immer gerne bereit findet, verfehlt ebenfalls nicht seine Wirkung.

Schwierigkeitsgrad

→ mittel

Übung zur **VERWENDUNG VON FRAGEN** (für Videounterstützung geeignet)

Spaßfaktor

➜ mittel

Zentrale Nutzeffekte der Übung

➜ Die TN lernen, sowohl Fragen einzusetzen wie auch sie als Mittel der Darstellung zu gebrauchen.

➜ Der einzelne TN findet kreative Entfaltungsmöglichkeit.

➜ Die Gruppe hat Spaß.

➜ Eine weitere Übung, die die Routine der TN vor der Gruppe (und ggf. vor laufender Videokamera) unmerklich fördert.

Auswertung

➜ Siehe Lesezeichen.

Zeitbedarf insgesamt

➜ 25-30 Minuten für 15-20 TN ohne Videounterstützung.

➜ 50-60 Minuten für 15-20 TN mit Videounterstützung.

Varianten

➜ Jeder TN führt die Fragengeschichte seines Vorgängers fort.

➜ Ausschließlich geschlossene Fragen, die Gruppe antwortet jeweils im Chor mit „Ja" oder „Nein".

➜ Eine Einzelperson, Zweier- oder Dreiergruppe sitzend als Adressat zwischen Redner und Zuschauern plazieren.

➜ Gruppe im Halbkreis formieren. Der TN geht die Sitzreihe entlang und stellt jedem einzelnen eine Frage.

Übung in **MIMISCHEM AUSDRUCK** (für Videounterstützung sehr gut geeignet)

17 „Knieschuß"

Aufbau der Übung

→ Die TN erzählen vor der Gruppe stehend eine Minute lang eine x-beliebige Geschichte, die immer mit „Es war einmal ..." beginnt.

→ Dabei zeigen die TN durchgängig ihr breitestes Lächeln und so viele Zähne wie möglich.

Empfehlungen zur Erläuterung der Übung

→ Die Erläuterung der Übung gibt Gelegenheit, Fragen des mimischen Ausdrucks grundlegend zu reflektieren und dabei insbesondere hinsichtlich der Sogwirkung, hinsichtlich der Wahrnehmung des Publikums sowie auf die Befindlichkeit der einzelnen Zuhörer und deren Einschätzung der Person und der Motive des Redners einzugehen.

→ Ein beliebiges praktisches Beispiel des Trainers trägt nicht nur zur allgemeinen Erheiterung bei, sondern gibt auch Orientierung und löst etwaige Blockaden einzelner TN.

→ Abschließend empfiehlt es sich, die Gruppe zu informieren, daß derjenige TN, der die Übung als erstes absolviert, bei dieser wie auch bei allen nachfolgenden Übungen ein kurzes Feedback des Trainers erhält und daß dabei richtungsweisend herausgestellt werden wird, was der TN gut gemacht hat und was von den nachfolgenden TN (zusätzlich) beachtet werden soll.

Vorbereitung

→ Etwa fünf Minuten, während derer jeder für sich allein eine Idee entwickelt und einen ersten Satz überlegt. Kein Konzeptblatt.

Durchführung

→ Vergewisserung, daß ggf. notwendige Vorkehrungen für die Auswertung getroffen sind.

→ Einzeln ohne Barriere vor einem offenen Stuhlkreis (und ggf. vor laufender Videokamera).

Übung in **MIMISCHEM AUSDRUCK** (für Videounterstützung sehr gut geeignet)

→ Der Trainer gibt das Startsignal, nimmt die Zeit und stoppt nach Ablauf von einer Minute.

→ Applaus nach jedem TN.

→ Reihenfolge wenn möglich nach eigener Entscheidung der TN, ansonsten der Reihe nach.

→ Anerkennendes und die nachfolgenden TN orientierendes, prägnantes Feedback seitens des Trainers nach dem bzw. an den ersten TN.

→ Richtungsweisendes Feedback des Trainers immer dann, wenn TN die Übung verändern. Sollte dies nicht geschehen, kann die Übung ohne weitere Unterbrechung zu Ende geführt werden.

→ Das Erfolgserlebnis jedes einzelnen TN hat Priorität, d.h., daß der Trainer möglichst frühzeitig intervenieren sollte, wenn ein TN zu weit aus der Spur gerät. Einem solchen TN im Anschluß an eine kurze Orientierung lieber noch einmal Gelegenheit geben, von vorne zu beginnen. Auch mit einem möglichen zweiten Fehlstart kann seitens des Trainers entsprechend umgegangen werden, spätestens dann sollte der TN die Übung aber zu Ende führen können und unabhängig von seiner Leistung anschließend ein ausschließlich positives Feedback des Trainers erhalten, in dem der erzielte Fortschritt des TN herausgestellt und das Durchhaltevermögen des TN gewürdigt wird. Ein kleiner Extraapplaus, zu dem sich eine Gruppe immer gerne bereit findet, verfehlt ebenfalls nicht seine Wirkung.

Schwierigkeitsgrad

→ mittel

Spaßfaktor

→ sehr hoch

Zentrale Nutzeffekte der Übung

→ Die (Selbst-)Wahrnehmung der TN wird auf mimische Akzente gelenkt.

→ Der einzelne TN findet kreative Entfaltungsmöglichkeit.

→ Die Gruppe hat Spaß.

→ Eine weitere Übung, die die Routine der TN vor der Gruppe (und ggf. vor laufender Videokamera) unmerklich fördert.

„Knieschuß"

Auswertung

→ Siehe Lesezeichen.

Zeitbedarf insgesamt

→ 25-30 Minuten für 15-20 TN ohne Videounterstützung.

→ 50-60 Minuten für 15-20 TN mit Videounterstützung.

Varianten

→ Eine Minute lang mit bitterböser Miene von einem persönlich bevorzugten Reiseziel berichten.

→ Eine Minute lang mit aufreizendem Blickkontakt und kokettem Mienenspiel flirtend ein x-beliebiges Produkt anpreisen.

→ Eine Minute lang mit tieftrauriger Miene von einem frei zu wählenden erkrankten Haustier berichten.

→ Eine Minute lang so angsterfüllt wie möglich dreinblickend eine Schauergeschichte erzählen.

Notizen

Übung in BETONUNG und ART UND WEISE DER BEZIEHUNGSGESTALTUNG
(für Videounterstützung sehr gut geeignet)

18 „Standpauke"

Aufbau der Übung

→ Die TN sprechen eine Minute lang überkritisch, ungehalten und gebieterisch zum Publikum.

→ Vorne stehend halten die TN dem Publikum dabei eine Standpauke zu einem Ärgernis ihrer Wahl.

→ Die TN haben dabei die freie Wahl ihrer eigenen wie auch der Identität des Publikums.

→ Der Anfang wird einheitlich vorgegeben und lautet bspw.: „Ihr seid so ein Sauhaufen!", „Wer glaubt ihr, das ihr seid!" oder: „Jetzt reichts mir aber! Ich nehme das nicht länger hin!"

Empfehlungen zur Erläuterung der Übung

→ Die Erläuterung der Übung gibt Gelegenheit, den TN zu verdeutlichen, daß der Art und Weise der Beziehungsgestaltung größere Bedeutung zukommt als dem jeweiligen Inhalt, daß es also bspw. einen großen Unterschied macht, ob ein „Ich liebe dich" oder ein „Das Essen ist fertig" oder was auch immer herrisch, tröstend, sachlich, ängstlich, trotzig oder enthusiastisch vorgetragen wird, oder kurz gesagt, daß es der Ton ist, der die Musik macht.

→ Der Tonfall dieser Übung ist gekennzeichnet durch autoritäre Härte, Lautstärke und Schroffheit. Silben werden abgehackt. Ein Kasernenhofton wie ein Peitschenknall, der einem die Luft nimmt und die Nackenhaare zu Berge stehen läßt. Es empfiehlt sich, die TN bei Erläuterung der Übung entsprechend zu orientieren und mehrere Beispiele für die Betonung zu geben.

→ Für die Übung selbst empfiehlt es sich, die TN auf die notwendige Betriebstemperatur zu bringen. Dafür eignet sich eine Aufwärmrunde, in der sich die TN vorstellen, daß auf einem leeren Stuhl, der vor der Gruppe plaziert wird, ein Missetäter säße, der ihnen gleichwie übel mitgespielt hätte und dem sie nun mit ein bis zwei Sätzen ansatzweise die Meinung sagen. Der Inhalt ist dabei nachrangig, so daß die TN einfach ihren spontanen Einfällen folgen oder auch bereits Gesagtes wiederholen können – worauf es ankommt, ist der Ton. Der Trainer macht beispielhaft den Anfang und geht dabei möglichst durchdringend zu Werke. Anschließend kommen alle TN der Sitzordnung nach an die Reihe, stehen dazu auf, wenden sich dem Stuhl zu und ballen und schütteln die Fäuste. Bei zögerlicheren TN bzw. TN mit zarter Stimme, die stimmlich nicht die angestrebte Durchschlagskraft erreichen, empfiehlt sich der Versuch, durch Ermutigung, Anfeuerung und konkrete Maßgabe bei einer, maximal zwei Wiederholungen zu Fortschritten zu gelangen und diese Fortschritte auch herauszustellen.

→ Abschließend empfiehlt es sich, die Gruppe zu informieren, daß derjenige TN, der die Übung als erstes absolviert, bei dieser wie auch bei allen nachfolgenden Übungen ein kurzes Feedback des Trainers erhält und daß dabei richtungsweisend herausgestellt werden wird, was der TN gut gemacht hat und was von den nachfolgenden TN (zusätzlich) beachtet werden soll.

Vorbereitung

→ Etwa zwei bis drei Minuten, während derer jeder für sich allein einen Grundgedanken faßt bzw. sich für eine Ausgangssituation entscheidet und einen ersten Satz überlegt. Einmal im richtigen Fahrwasser, geht alles Weitere während des Auftritts dann wie von alleine. Kein Konzeptblatt.

Übung in **BETONUNG** und **ART UND WEISE DER BEZIEHUNGSGESTALTUNG**
(für Videounterstützung sehr gut geeignet)

Durchführung

→ Vergewisserung, daß ggf. notwendige Vorkehrungen für die Auswertung getroffen sind.

→ Einzeln ohne Barriere vor einem offenen Stuhlkreis (und ggf. vor laufender Videokamera).

→ Der Trainer gibt das Startsignal, nimmt die Zeit und stoppt nach Ablauf von einer Minute.

→ Applaus nach jedem TN.

→ Reihenfolge wenn möglich nach eigener Entscheidung der TN, ansonsten der Reihe nach.

→ Anerkennendes und die nachfolgenden TN orientierendes, prägnantes Feedback seitens des Trainers nach dem bzw. an den ersten TN.

→ Richtungsweisendes Feedback des Trainers immer dann, wenn TN die Übung verändern. Sollte dies nicht geschehen, kann die Übung ohne weitere Unterbrechung zu Ende geführt werden.

→ Das Erfolgserlebnis jedes einzelnen TN hat Priorität, d.h., daß der Trainer möglichst frühzeitig intervenieren sollte, wenn ein TN zu weit aus der Spur gerät. Einem solchen TN im Anschluß an eine kurze Orientierung lieber noch einmal Gelegenheit geben, von vorne zu beginnen. Auch mit einem möglichen zweiten Fehlstart kann seitens des Trainers entsprechend umgegangen werden, spätestens dann sollte der TN die Übung aber zu Ende führen können und unabhängig von seiner Leistung anschließend ein ausschließlich positives Feedback des Trainers erhalten, in dem der erzielte Fortschritt des TN herausgestellt und das Durchhaltevermögen des TN gewürdigt wird. Ein kleiner Extraapplaus, zu dem sich eine Gruppe immer gerne bereit findet, verfehlt ebenfalls nicht seine Wirkung.

Schwierigkeitsgrad

→ mittel

Spaßfaktor

→ sehr hoch

Zentrale Nutzeffekte der Übung

→ Enthemmung der Gruppe und der einzelnen TN.

→ Die (Selbst-)Wahrnehmung der TN wird auf die Art und Weise der Beziehungsgestaltung gelenkt.

→ Die TN trainieren, sich per Stimme durchzusetzen.

→ Der einzelne TN findet kreative Entfaltungsmöglichkeit.

→ Die Gruppe hat Spaß.

→ Eine weitere Übung, die die Routine der TN vor der Gruppe (und ggf. vor laufender Videokamera) unmerklich fördert.

Auswertung

→ Siehe Lesezeichen.

Zeitbedarf insgesamt

→ 30-45 Minuten für 15-20 TN ohne Videounterstützung.

→ 75-90 Minuten für 15-20 TN mit Videounterstützung.

Varianten

→ Eine Einzelperson, Zweier- oder Dreiergruppe sitzend als Adressat zwischen Redner und Zuschauern plazieren.

→ Konkrete Themenvorgabe für jeden einzelnen TN, wie bspw. Trainer in der Halbzeitpause zur erschreckend schlecht aufspielenden Mannschaft, Freizeitbetreuer zu einer Gruppe Pubertierender, die er beim Rauchen erwischt hat, oder Firmenchef zur Belegschaft, die zunehmend häufiger die Pausen überzieht.

→ Zusätzliche Vorgabe: Drohgebärden mit ausgestrecktem Zeigefinger oder verengten Augenlidern.

Übung in **BETONUNG** und **ART UND WEISE DER BEZIEHUNGSGESTALTUNG**
(für Videounterstützung sehr gut geeignet)

19 „Alles wird gut"

Aufbau der Übung

➡ Die TN sprechen eine Minute lang ausgeprägt verhätschelnd, überfürsorglich und aufmunternd zum Publikum.

➡ Vorne stehend ermutigen, beschwichtigen oder trösten sie das Publikum dabei zu einem Thema ihrer Wahl.

➡ Die TN haben dabei die freie Wahl ihrer eigenen wie auch der Identität des Publikums.

➡ Der Anfang wird einheitlich vorgegeben und lautet bspw.: „Alles wird gut! Ihr braucht euch keine Sorgen zu machen", „Na, seht ihr, es ist doch halb so schlimm" oder: „Nur keine Angst, ich bin ja da."

Empfehlungen zur Erläuterung der Übung

➡ Der Tonfall dieser Übung ist gekennzeichnet durch ausladende Wärme und einen stimmungsvollen Klang. Silben werden melodisch langgezogen. Ein mütterlicher, pastoraler Tonfall, der Trost spendet, Halt gibt und beruhigt. Es empfiehlt sich, die TN bei Erläuterung der Übung entsprechend zu orientieren und mehrere Beispiele für die Betonung zu geben.

➡ Um die TN auch aktiv in den Tonfall einzustimmen, empfiehlt sich zudem eine Aufwärmrunde. Dabei stellen sich die TN vor, daß auf einem leeren Stuhl, der vor der Gruppe plaziert wird, ein bedauernswertes Opfer säße, bspw. ein kleines Mädchen, das sich das Knie aufgeschlagen hat, ein Fahrschüler, der zum zweiten Mal durch die Fahrprüfung gefallen ist, oder ein Jüngling, dem die Freundin davongelaufen ist. Dieser gedachten, vom Schicksal geschlagenen Person gilt es nun, mit ein bis zwei Sätzen ansatzweise Fürsorge angedeihen zu lassen bzw. Trost zu spenden. Der Inhalt ist dabei nachrangig, so daß die TN einfach ihren spontanen Einfällen folgen oder auch bereits Gesagtes wiederholen können – worauf es ankommt, ist der Ton. Der Trainer macht beispielhaft den Anfang und geht dabei möglichst stimmungsvoll zu Werke. Anschließend kommen alle TN der Sitzordnung nach an die Reihe, stehen dabei jeweils auf und wenden sich dem Stuhl zu. Bei TN, die stimmlich nicht die angestrebte Wärme und Großspurigkeit erreichen, empfiehlt sich der Versuch, durch Ermutigung und konkrete Maßgabe bei

79

einer, maximal zwei Wiederholungen zu Fortschritten zu gelangen und diese Fort-schritte auch herauszustellen.

→ Abschließend empfiehlt es sich, die Gruppe zu informieren, daß derjenige TN, der die Übung als erstes absolviert, bei dieser wie auch bei allen nachfolgenden Übungen ein kurzes Feedback des Trainers erhält und daß dabei richtungsweisend herausgestellt werden wird, was der TN gut gemacht hat und was von den nachfolgenden TN (zusätzlich) beachtet werden soll.

Vorbereitung

→ Etwa zwei bis drei Minuten, während derer jeder für sich allein einen Grundgedanken faßt bzw. sich für eine Ausgangssituation entscheidet und einen ersten Satz überlegt. Einmal im richtigen Fahrwasser, geht alles Weitere während des Auftritts dann wie von alleine. Kein Konzeptblatt.

Durchführung

→ Vergewisserung, daß ggf. notwendige Vorkehrungen für die Auswertung getroffen sind.

→ Einzeln ohne Barriere vor einem offenen Stuhlkreis (und ggf. vor laufender Video-kamera).

→ Der Trainer gibt das Startsignal, nimmt die Zeit und stoppt nach Ablauf von einer Minute.

→ Applaus nach jedem TN.

→ Reihenfolge wenn möglich nach eigener Entscheidung der TN, ansonsten der Reihe nach.

→ Anerkennendes und die nachfolgenden TN orientierendes, prägnantes Feedback seitens des Trainers nach dem bzw. an den ersten TN.

→ Richtungsweisendes Feedback des Trainers immer dann, wenn TN die Übung verändern. Sollte dies nicht geschehen, kann die Übung ohne weitere Unterbrechung zu Ende geführt werden.

→ Das Erfolgserlebnis jedes einzelnen TN hat Priorität, d.h., daß der Trainer möglichst frühzeitig intervenieren sollte, wenn ein TN zu weit aus der Spur gerät. Einem solchen TN im Anschluß an eine kurze Orientierung lieber noch einmal Gelegenheit geben, von vorne zu beginnen. Auch mit einem möglichen zweiten Fehlstart kann seitens des Trainers entsprechend umgegangen werden, spätestens dann sollte der TN die Übung aber zu Ende führen können und unabhängig von seiner Leistung anschließend ein ausschließlich positives Feedback des Trainers er-

Übung in **BETONUNG** und **ART UND WEISE DER BEZIEHUNGSGESTALTUNG**
(für Videounterstützung sehr gut geeignet)

halten, in dem der erzielte Fortschritt des TN herausgestellt und das Durchhaltevermögen des TN gewürdigt wird. Ein kleiner Extraapplaus, zu dem sich eine
Gruppe immer gerne bereit findet, verfehlt ebenfalls nicht seine Wirkung.

Schwierigkeitsgrad

→ mittel

Spaßfaktor

→ sehr hoch

Zentrale Nutzeffekte der Übung

→ Enthemmung der Gruppe und der einzelnen TN.

→ Die (Selbst-)Wahrnehmung der TN wird auf die Art und Weise der Beziehungsgestaltung gelenkt.

→ Die TN trainieren, sich per Stimme fürsorglich und mitfühlend in Beziehung zu
setzen.

→ Der einzelne TN findet kreative Entfaltungsmöglichkeit.

→ Die Gruppe hat Spaß.

→ Eine weitere Übung, die die Routine der TN vor der Gruppe (und ggf. vor laufender Videokamera) unmerklich fördert.

Auswertung

→ Siehe Lesezeichen.

Zeitbedarf insgesamt

→ 30-45 Minuten für 15-20 TN ohne Videounterstützung.

→ 75-90 Minuten für 15-20 TN mit Videounterstützung.

Varianten

→ Eine Einzelperson, Zweier- oder Dreiergruppe sitzend als Adressat zwischen Redner und Zuschauern plazieren.

81

„Alles wird gut"

→ Konkrete Themenvorgabe für jeden einzelnen TN, wie bspw. Flugkapitän zu den Fluggästen beim Anflug auf eine Gewitterfront, Fahrstuhlführer zu den Fahrgästen im festsitzenden Lift oder Chef zur Belegschaft, die durch Presseberichte aufgeschreckt um ihre Arbeitsplätze fürchtet.

→ Zusätzliche Vorgabe: beruhigende Gebärden mit langsamem Kopfnicken und offenen Gesten.

Notizen

Übung in **BETONUNG** und **ART UND WEISE DER BEZIEHUNGSGESTALTUNG**
(für Videounterstützung sehr gut geeignet)

20 „Wie man eine Zitrone auspreßt"

Aufbau der Übung

→ Die TN sprechen vorn stehend eine Minute lang neutral, sachlich-nüchtern und ohne erkennbare Emotionen zum Publikum.

→ Sie erläutern dem Publikum dabei in einzelnen Schritten einen einfachen Sachverhalt ihrer Wahl, bspw.: „Wie man eine Zitrone auspreßt", „Wie man ein Auto betankt" oder: „Wie man ein Spiegelei zubereitet."

Empfehlungen zur Erläuterung der Übung

→ Bei der Erläuterung der Übung empfiehlt es sich hervorzuheben, daß ein neutraler Ton des Redners jeweilige Inhalte weiter in den Vordergrund, die Person des Vortragenden hingegen weiter in den Hintergrund der Wahrnehmung des Publikums treten läßt.

→ Der Tonfall dieser Übung ist sachlich, ruhig, neutral, ausgewogen, verbindlich, klar und deutlich, wie die Stimme eines Nachrichtensprechers. Es empfiehlt sich, die TN bei Erläuterung der Übung entsprechend zu orientieren und mehrere Beispiele für die Betonung zu geben.

→ Um die TN auch aktiv in den Tonfall einzustimmen, empfiehlt sich zudem eine Aufwärmrunde. Dabei stellen sich die TN vor, daß auf einem leeren Stuhl, der vor der Gruppe plaziert wird, eine beliebige Person säße. Dieser gedachten Person gilt es nun, mit einem Satz ganz leidenschaftslos eine Frage zu stellen oder eine Information zu geben. Der Inhalt ist dabei nachrangig, so daß die TN einfach ihren spontanen Einfällen folgen oder auch bereits Gesagtes wiederholen können – worauf es ankommt, ist der Ton. Der Trainer macht beispielhaft den Anfang. Anschließend kommen alle TN der Sitzordnung nach an die Reihe, stehen dabei jeweils auf und wenden sich dem Stuhl zu. Bei TN, die stimmlich nicht die angestrebte Neutralität erreichen, empfiehlt sich der Versuch, durch Ermutigung und konkrete Maßgabe bei einer, maximal zwei Wiederholungen zu Fortschritten zu gelangen und diese Fortschritte auch herauszustellen.

→ Abschließend empfiehlt es sich, die Gruppe zu informieren, daß derjenige TN, der die Übung als erstes absolviert, bei dieser wie auch bei allen nachfolgenden Übungen ein kurzes Feedback des Trainers erhält und daß dabei richtungsweisend herausgestellt werden wird, was der TN gut gemacht hat und was von den nachfolgenden TN (zusätzlich) beachtet werden soll.

Vorbereitung

→ Etwa fünf Minuten, jeder für sich alleine, stichpunktartiges Konzept, das nicht mit nach vorne genommen wird.

Durchführung

→ Vergewisserung, daß ggf. notwendige Vorkehrungen für die Auswertung getroffen sind.

→ Einzeln ohne Barriere vor einem offenen Stuhlkreis (und ggf. vor laufender Videokamera).

→ Der Trainer gibt das Startsignal, nimmt die Zeit und stoppt nach Ablauf von einer Minute.

→ Applaus nach jedem TN.

→ Reihenfolge wenn möglich nach eigener Entscheidung der TN, ansonsten der Reihe nach.

→ Anerkennendes und die nachfolgenden TN orientierendes, prägnantes Feedback seitens des Trainers nach dem bzw. an den ersten TN.

→ Richtungsweisendes Feedback des Trainers immer dann, wenn TN die Übung verändern. Sollte dies nicht geschehen, kann die Übung ohne weitere Unterbrechung zu Ende geführt werden.

→ Das Erfolgserlebnis jedes einzelnen TN hat Priorität, d.h., daß der Trainer möglichst frühzeitig intervenieren sollte, wenn ein TN zu weit aus der Spur gerät. Einem solchen TN im Anschluß an eine kurze Orientierung lieber noch einmal Gelegenheit geben, von vorn zu beginnen. Auch mit einem möglichen zweiten Fehlstart kann seitens des Trainers entsprechend umgegangen werden, spätestens dann sollte der TN die Übung aber zu Ende führen können und unabhängig von seiner Leistung anschließend ein ausschließlich positives Feedback des Trainers erhalten, in dem der erzielte Fortschritt des TN herausgestellt und das Durchhaltevermögen des TN gewürdigt wird. Ein kleiner Extraapplaus, zu dem sich eine Gruppe immer gerne bereit findet, verfehlt ebenfalls nicht seine Wirkung.

Schwierigkeitsgrad

→ mittel

Übung in **BETONUNG** und **ART UND WEISE DER BEZIEHUNGSGESTALTUNG**
(für Videounterstützung sehr gut geeignet)

Spaßfaktor

➜ mittel

Zentrale Nutzeffekte der Übung

➜ Die (Selbst-)Wahrnehmung der TN wird auf die Art und Weise der Beziehungsgestaltung gelenkt.

➜ Die TN trainieren, sich per Stimme von gleich zu gleich in Beziehung zu setzen.

➜ Der einzelne TN findet kreative Entfaltungsmöglichkeit.

➜ Die Gruppe hat Spaß.

➜ Eine weitere Übung, die die Routine der TN vor der Gruppe (und ggf. vor laufender Videokamera) unmerklich fördert.

Auswertung

➜ Siehe Lesezeichen.

Zeitbedarf insgesamt

➜ 30-45 Minuten für 15-20 TN ohne Videounterstützung.

➜ 75-90 Minuten für 15-20 TN mit Videounterstützung.

Varianten

➜ Eine Einzelperson, Zweier- oder Dreiergruppe sitzend als Adressat zwischen Redner und Zuschauern plazieren.

➜ Konkrete Themenvorgabe für jeden einzelnen TN, wie bspw. Flicken eines Fahr-
radschlauchs, Zubereitung von Rühreiern oder Brustschwimmen.

➜ Zusätzliche Vorgabe: ruhige Körperhaltung mit Ausnahme veranschaulichender
Gesten.

Übung in **BETONUNG** und **ART UND WEISE DER BEZIEHUNGSGESTALTUNG**
(für Videounterstützung sehr gut geeignet)

21 „Der kleine Schleimbeutel"

Aufbau der Übung

→ Die TN sprechen vorne stehend eine Minute lang unterwürfig, kriecherisch und gehemmt zum Publikum.

→ Sie entschuldigen oder rechtfertigen sich, bitten und betteln oder buckeln dabei zu einem Thema ihrer Wahl.

→ Der Anfang wird einheitlich vorgegeben und lautet bspw.: „Ich hoffe ja, daß ich Sie nicht störe, aber ich soll hier ...", „Es tut mir so furchtbar leid! Bitte seid mir nicht böse!" oder: „Wie konnte mir das nur passieren, ich bin so ein Tolpatsch!"

Übung in **BETONUNG** und **ART UND WEISE DER BEZIEHUNGSGESTALTUNG**
(für Videounterstützung sehr gut geeignet)

Empfehlungen zur Erläuterung der Übung

→ Der Tonfall dieser Übung ist leise, zögerlich, kraftlos, flehend, schamhaft, angepaßt, schuldbewußt und vor Ängstlichkeit zerfließend. Höhere, piepsige Töne dominieren. Unter dem Teppichboden kommt dieser Tonfall daher und ringt darum, nur keine Angriffsfläche zu bieten. Es empfiehlt sich, die TN bei Erläuterung der Übung entsprechend zu orientieren und mehrere Beispiele für die Betonung zu geben.

→ Um die TN auch aktiv in den Tonfall einzustimmen, empfiehlt sich zudem eine Aufwärmrunde. Dabei stellen sich die TN vor, daß auf einem leeren Stuhl, der vor der Gruppe plaziert wird, eine gewichtige und strenge Person säße, wie bspw. ein despotischer Chef, ein gestrenger Vater oder ein erboster Ordnungshüter. Dieser Person wird nun mit ein, zwei Sätzen ansatzweise eine Bitte, eine Rechtfertigung oder Entschuldigung vorgetragen. Der Inhalt ist dabei nachrangig, so daß die TN einfach ihren spontanen Einfällen folgen oder auch bereits Gesagtes wiederholen können – worauf es ankommt, ist der Ton. Der Trainer macht beispielhaft den Anfang und geht dabei ausgeprägt kriecherisch zu Werke. Anschließend kommen alle TN der Sitzordnung nach an die Reihe, stehen dabei jeweils auf und wenden sich dem Stuhl zu. Bei TN, die stimmlich nicht die angestrebte Unterwürfigkeit erreichen, empfiehlt sich der Versuch, durch Ermutigung und konkrete Maßgabe bei einer, maximal zwei Wiederholungen zu Fortschritten zu gelangen und diese Fortschritte auch herauszustellen.

→ Abschließend empfiehlt es sich, die Gruppe zu informieren, daß derjenige TN, der die Übung als erstes absolviert, bei dieser wie auch bei allen nachfolgenden Übungen ein kurzes Feedback des Trainers erhält und daß dabei richtungsweisend herausgestellt werden wird, was der TN gut gemacht hat und was von den nachfolgenden TN (zusätzlich) beachtet werden soll.

Vorbereitung

→ Etwa zwei bis drei Minuten, während derer jeder für sich allein einen Grundgedanken faßt bzw. sich für eine Ausgangssituation entscheidet und einen ersten Satz überlegt. Einmal im richtigen Fahrwasser, geht alles Weitere während des Auftritts dann wie von alleine. Kein Konzeptblatt.

Durchführung

→ Vergewisserung, daß ggf. notwendige Vorkehrungen für die Auswertung getroffen sind.

→ Einzeln ohne Barriere vor einem offenen Stuhlkreis (und ggf. vor laufender Videokamera).

→ Der Trainer gibt das Startsignal, nimmt die Zeit und stoppt nach Ablauf von einer Minute.

→ Applaus nach jedem TN.

→ Reihenfolge wenn möglich nach eigener Entscheidung der TN, ansonsten der Reihe nach.

→ Anerkennendes und die nachfolgenden TN orientierendes, prägnantes Feedback seitens des Trainers nach dem bzw. an den ersten TN.

→ Richtungsweisendes Feedback des Trainers immer dann, wenn TN die Übung verändern. Sollte dies nicht geschehen, kann die Übung ohne weitere Unterbrechung zu Ende geführt werden.

→ Das Erfolgserlebnis jedes einzelnen TN hat Priorität, d.h., daß der Trainer möglichst frühzeitig intervenieren sollte, wenn ein TN zu weit aus der Spur gerät. Einem solchen TN im Anschluß an eine kurze Orientierung lieber noch einmal Gelegenheit geben, von vorn zu beginnen. Auch mit einem möglichen zweiten Fehlstart kann seitens des Trainers entsprechend umgegangen werden, spätestens dann sollte der TN die Übung aber zu Ende führen können und unabhängig von seiner Leistung anschließend ein ausschließlich positives Feedback des Trainers erhalten, in dem der erzielte Fortschritt des TN herausgestellt und das Durchhaltevermögen des TN gewürdigt wird. Ein kleiner Extraapplaus, zu dem sich eine Gruppe immer gerne bereit findet, verfehlt ebenfalls nicht seine Wirkung.

Schwierigkeitsgrad

→ mittel

Spaßfaktor

→ sehr hoch

Zentrale Nutzeffekte der Übung

→ Enthemmung der Gruppe und der einzelnen TN.

→ Die (Selbst-)Wahrnehmung der TN wird auf die Art und Weise der Beziehungsgestaltung gelenkt.

→ Die TN entwickeln ein Bewußtsein dafür, wann sie sich per Stimme in Anpassung begeben.

→ Der einzelne TN findet kreative Entfaltungsmöglichkeit.

Übung in **BETONUNG** und **ART UND WEISE DER BEZIEHUNGSGESTALTUNG**
(für Videounterstützung sehr gut geeignet)

→ Die Gruppe hat Spaß.

→ Eine weitere Übung, die die Routine der TN vor der Gruppe (und ggf. vor laufender Videokamera) unmerklich fördert.

Auswertung

→ Siehe Lesezeichen.

Zeitbedarf insgesamt

→ 30-45 Minuten für 15-20 TN ohne Videounterstützung.

→ 75-90 Minuten für 15-20 TN mit Videounterstützung.

Varianten

→ Eine Einzelperson, Zweier- oder Dreiergruppe sitzend als Adressat zwischen Redner und Zuschauern plazieren.

→ Konkrete Themenvorgabe für jeden einzelnen TN, wie bspw. Mitarbeiter, der die Firmenleitung um eine Gehaltserhöhung bittet, Temposünder, der die Polizei von seiner Unschuld zu überzeugen sucht, oder Kind, das seine Eltern anfleht, abends länger aufbleiben zu dürfen.

→ Zusätzliche Vorgabe: unterwürfige Gebärden mit gesenktem Kopf und hängenden Schultern.

Notizen

Übung in **BETONUNG** und **ART UND WEISE DER BEZIEHUNGSGESTALTUNG**
(für Videounterstützung sehr gut geeignet)

22 „Och nee"

Aufbau der Übung

→ Die TN sprechen vorne stehend eine Minute lang trotzig zum Publikum.

→ Sie motzen, meckern und rebellieren dabei zu einem Thema ihrer Wahl.

→ Der Anfang wird einheitlich vorgegeben und lautet bspw.: „Och männo! Das is doch echt doof!", „Och nee, wieso denn gerade ich, ich hab überhaupt keine Lust!" oder: „Ach Mensch, laßt mich doch in Ruhe!"

Empfehlungen zur Erläuterung der Übung

→ Der Tonfall dieser Übung ist laut, bockig, aufsässig, störrisch und starrköpfig. Wie von einem trotzigen Kind. Die einzelnen Silben werden betont und langgezogen. Es empfiehlt sich, die TN bei Erläuterung der Übung entsprechend zu orientieren und mehrere Beispiele für die Betonung zu geben.

→ Um die TN auch aktiv in den Tonfall einzustimmen, empfiehlt sich zudem eine Aufwärmrunde. Dabei stellen sich die TN vor, daß auf einem leeren Stuhl, der vor der Gruppe plaziert wird, eine despotische Person säße, die etwas Unannehmbares verfügt oder angeordnet hätte, wogegen es jetzt in ein, zwei Sätzen ansatzweise trotzig, giftig und unwirsch aufzubegehren gilt. Der Inhalt ist dabei nachrangig, so daß die TN einfach ihren spontanen Einfällen folgen oder auch bereits Gesagtes wiederholen können – worauf es ankommt, ist der Ton. Der Trainer macht beispielhaft den Anfang und geht dabei ausgeprägt aufmüpfig zu Werke. Anschließend kommen alle TN der Sitzordnung nach an die Reihe, stehen dabei jeweils auf und wenden sich dem Stuhl zu und stampfen, während sie sprechen, trotzig mit dem Fuß auf. Bei TN, die stimmlich nicht die angestrebte Widerwilligkeit erreichen, empfiehlt sich der Versuch, durch Ermutigung und konkrete Maßgabe bei einer, maximal zwei Wiederholungen zu Fortschritten zu gelangen und diese Fortschritte auch herauszustellen.

→ Abschließend empfiehlt es sich, die Gruppe zu informieren, daß derjenige TN, der die Übung als erstes absolviert, bei dieser wie auch bei allen nachfolgenden Übungen ein kurzes Feedback des Trainers erhält und daß dabei richtungsweisend herausgestellt werden wird, was der TN gut gemacht hat und was von den nachfolgenden TN (zusätzlich) beachtet werden soll.

Übung in **BETONUNG** und **ART UND WEISE DER BEZIEHUNGSGESTALTUNG**
(für Videounterstützung sehr gut geeignet)

Vorbereitung

➔ Etwa zwei bis drei Minuten, während derer jeder für sich allein einen Grundgedanken faßt bzw. sich für eine Ausgangssituation entscheidet und einen ersten Satz
überlegt. Einmal im richtigen Fahrwasser, geht alles Weitere während des Auftritts
dann wie von alleine. Kein Konzeptblatt.

Durchführung

➔ Vergewisserung, daß ggf. notwendige Vorkehrungen für die Auswertung getroffen
sind.

➔ Einzeln ohne Barriere vor einem offenen Stuhlkreis (und ggf. vor laufender Videokamera).

➔ Der Trainer gibt das Startsignal, nimmt die Zeit und stoppt nach Ablauf von einer
Minute.

➔ Applaus nach jedem TN.

➔ Reihenfolge wenn möglich nach eigener Entscheidung der TN, ansonsten der Reihe nach.

➔ Anerkennendes und die nachfolgenden TN orientierendes, prägnantes Feedback
seitens des Trainers nach dem bzw. an den ersten TN.

➔ Richtungsweisendes Feedback des Trainers immer dann, wenn TN die Übung
verändern. Sollte dies nicht geschehen, kann die Übung ohne weitere Unterbrechung zu Ende geführt werden.

➔ Das Erfolgserlebnis jedes einzelnen TN hat Priorität, d.h., daß der Trainer möglichst frühzeitig intervenieren sollte, wenn ein TN zu weit aus der Spur gerät. Einem solchen TN im Anschluß an eine kurze Orientierung lieber noch einmal Gelegenheit geben, von vorne zu beginnen. Auch mit einem möglichen zweiten Fehlstart kann seitens des Trainers entsprechend umgegangen werden, spätestens dann
sollte der TN die Übung aber zu Ende führen können und unabhängig von seiner
Leistung anschließend ein ausschließlich positives Feedback des Trainers erhalten,
in dem der erzielte Fortschritt des TN herausgestellt und das Durchhaltevermögen
des TN gewürdigt wird. Ein kleiner Extraapplaus, zu dem sich eine Gruppe immer
gerne bereit findet, verfehlt ebenfalls nicht seine Wirkung.

Schwierigkeitsgrad

➔ mittel

„Och nee"

Spaßfaktor

→ sehr hoch

Zentrale Nutzeffekte der Übung

→ Enthemmung der Gruppe und der einzelnen TN.

→ Die (Selbst-)Wahrnehmung der TN wird auf die Art und Weise der Beziehungsgestaltung gelenkt.

→ Die TN entwickeln ein Bewußtsein dafür, wann sie sich per Stimme in Trotz begeben.

→ Der einzelne TN findet kreative Entfaltungsmöglichkeit.

→ Die Gruppe hat Spaß.

→ Eine weitere Übung, die die Routine der TN vor der Gruppe (und ggf. vor laufender Videokamera) unmerklich fördert.

Auswertung

→ Siehe Lesezeichen.

Zeitbedarf insgesamt

→ 30-45 Minuten für 15-20 TN ohne Videounterstützung.

→ 75-90 Minuten für 15-20 TN mit Videounterstützung.

Varianten

→ Eine Einzelperson, Zweier- oder Dreiergruppe sitzend als Adressat zwischen Redner und Zuschauern plazieren.

→ Konkrete Themenvorgabe für jeden einzelnen TN, wie bspw. Sprößling, der dem berufsbedingten Umzug der Familie nach Spitzbergen zu trotzen versucht, Vegetarier, der sich gegenüber Kollegen über das Fehlen fleischloser Gerichte auf dem Wochenspeisezettel der Kantine empört, oder Kunde einer Autowerkstatt, der gegen eine seiner Ansicht nach übertrieben hohe Rechnung für einen Luftfilterwechsel aufbegehrt.

→ Zusätzliche Vorgabe: Trotzige Gebärden mit vorgeschobener Unterlippe und aufstampfenden Füßen.

Übung in BETONUNG und ART UND WEISE DER BEZIEHUNGSGESTALTUNG
(für Videounterstützung sehr gut geeignet)

23 „Volle Lotte"

Aufbau der Übung

→ Die TN sprechen vorne stehend eine Minute lang enthusiastisch und überschwenglich zum Publikum.

→ Sie jubilieren, frohlocken und begeistern sich dabei zu einem Thema ihrer Wahl.

→ Der Anfang wird einheitlich vorgegeben und lautet bspw.: „Mensch super, das ist der helle Wahnsinn!", „Boh ej, das ist echt voll der Hammer!" oder: „Yipeeh! Ich hab' eine Million im Lotto gewonnen!"

Empfehlungen zur Erläuterung der Übung

→ Der Tonfall dieser Übung ist laut, freudig erregt, sich überschlagend, überschäumend, unbekümmert, ausgelassen, begeistert und mitreißend. Silben und Worte sprudeln nur so hervor, Grammatik und Satzbau interessieren nur am Rande. Dafür dominieren Kraftausdrücke und Superlative. Es empfiehlt sich, die TN bei Erläuterung der Übung entsprechend zu orientieren und mehrere Beispiele für die Betonung zu geben.

→ Um die TN auch aktiv in den Tonfall einzustimmen, empfiehlt sich zudem eine Aufwärmrunde. Dabei stellen sich die TN vor, daß auf einem leeren Stuhl, der vor der Gruppe plaziert wird, ein guter Freund säße, dem nun in ein, zwei Sätzen ansatzweise voller Enthusiasmus und vor Kraftausdrücken strotzend ein überschwenglicher Willkommensgruß entgegengebracht oder eine vor Begeisterung bebende Mitteilung gemacht wird. Der Inhalt ist dabei nachrangig, so daß die TN einfach ihren spontanen Einfällen folgen oder auch bereits Gesagtes wiederholen können – worauf es ankommt, ist der Ton. Der Trainer macht beispielhaft den Anfang und geht dabei ausgeprägt überdreht zu Werke. Anschließend kommen alle TN der Sitzordnung nach an die Reihe, stehen dabei jeweils auf und wenden sich dem Stuhl zu. Bei TN, die stimmlich nicht die angestrebte übersprudelnde Begeisterung erreichen, empfiehlt sich der Versuch, durch Ermutigung und konkrete Maßgabe bei einer, maximal zwei Wiederholungen zu Fortschritten zu gelangen und diese Fortschritte auch herauszustellen.

→ Abschließend empfiehlt es sich, die Gruppe zu informieren, daß derjenige TN, der die Übung als erstes absolviert, bei dieser wie auch bei allen nachfolgenden Übungen ein kurzes Feedback des Trainers erhält und daß dabei richtungsweisend herausgestellt werden wird, was der TN gut gemacht hat und was von den nachfolgenden TN (zusätzlich) beachtet werden soll.

Vorbereitung

→ Etwa zwei bis drei Minuten, während derer jeder für sich allein einen Grundgedanken faßt bzw. sich für eine Ausgangssituation entscheidet und einen ersten Satz überlegt. Einmal im richtigen Fahrwasser, geht alles Weitere während des Auftritts dann wie von alleine. Kein Konzeptblatt.

Durchführung

→ Vergewisserung, daß ggf. notwendige Vorkehrungen für die Auswertung getroffen sind.

→ Einzeln ohne Barriere vor einem offenen Stuhlkreis (und ggf. vor laufender Videokamera).

Übung in **BETONUNG** und **ART UND WEISE DER BEZIEHUNGSGESTALTUNG**
(für Videounterstützung sehr gut geeignet)

→ Der Trainer gibt das Startsignal, nimmt die Zeit und stoppt nach Ablauf von einer Minute.

→ Applaus nach jedem TN.

→ Reihenfolge wenn möglich nach eigener Entscheidung der TN, ansonsten der Reihe nach.

→ Anerkennendes und die nachfolgenden TN orientierendes, prägnantes Feedback seitens des Trainers nach dem bzw. an den ersten TN.

→ Richtungsweisendes Feedback des Trainers immer dann, wenn TN die Übung verändern. Sollte dies nicht geschehen, kann die Übung ohne weitere Unterbrechung zu Ende geführt werden.

→ Das Erfolgserlebnis jedes einzelnen TN hat Priorität, d.h., daß der Trainer möglichst frühzeitig intervenieren sollte, wenn ein TN zu weit aus der Spur gerät. Einem solchen TN im Anschluß an eine kurze Orientierung lieber noch einmal Gelegenheit geben, von vorn zu beginnen. Auch mit einem möglichen zweiten Fehlstart kann seitens des Trainers entsprechend umgegangen werden, spätestens dann sollte der TN die Übung aber zu Ende führen können und unabhängig von seiner Leistung anschließend ein ausschließlich positives Feedback des Trainers erhalten, in dem der erzielte Fortschritt des TN herausgestellt und das Durchhaltevermögen des TN gewürdigt wird. Ein kleiner Extraapplaus, zu dem sich eine Gruppe immer gerne bereit findet, verfehlt ebenfalls nicht seine Wirkung.

Schwierigkeitsgrad

→ mittel

Spaßfaktor

→ sehr hoch

Zentrale Nutzeffekte der Übung

→ Enthemmung der Gruppe und der einzelnen TN.

→ Die (Selbst-)Wahrnehmung der TN wird auf die Art und Weise der Beziehungsgestaltung gelenkt.

→ Die TN trainieren, ihrem Enthusiasmus und ihrer Begeisterung stimmlich Ausdruck zu verleihen.

→ Der einzelne TN findet kreative Entfaltungsmöglichkeit.

→ Die Gruppe hat Spaß.

→ Eine weitere Übung, die die Routine der TN vor der Gruppe (und ggf. vor laufender Videokamera) unmerklich fördert.

Auswertung

→ Siehe Lesezeichen.

Zeitbedarf insgesamt

→ 30-45 Minuten für 15-20 TN ohne Videounterstützung.

→ 75-90 Minuten für 15-20 TN mit Videounterstützung.

Varianten

→ Eine Einzelperson, Zweier- oder Dreiergruppe sitzend als Adressat zwischen Redner und Zuschauern plazieren.

→ Konkrete Themenvorgabe für jeden einzelnen TN, wie bspw. Tourist, der den Freundeskreis beim gemeinsamen Inselurlaub für die Teilnahme an einer Wattwanderung zu gewinnen sucht, Mitarbeiter, der seinen Kollegen in der Frühstückspause begeistert vom Besuch eines Formel-1 Rennens berichtet, oder Fischverkäufer, der die Kundschaft zum Kauf seiner Ware animiert.

→ Zusätzliche Vorgabe: enthusiastische Gebärden mit weit offenen Augen und vitalen Gesten.

→ In fortgeschrittenem Training gestaltet sich auch eine Kombination der Übungen „Standpauke", „Alles wird gut", „Wie man eine Zitrone auspreßt", „Der kleine Schleimbeutel", „Och nee" und „Volle Lotte" ausgesprochen unterhaltsam, bspw. in Form eines stetigen Wechsels, dabei unter konkreter Vorgabe an die einzelnen TN durch den Trainer.

Übung in **FREIER REDE** *(für Videounterstützung gut geeignet)*

24 „Überraschungsei"

Aufbau der Übung

➜ Die TN treten vor die Gruppe und erzählen ein Erlebnis aus ihrer Vergangenheit.

Empfehlungen zur Erläuterung der Übung

➜ Zur Ideenfindung empfiehlt es sich, den TN einige grundsätzliche Möglichkeiten aufzuzeigen, wie bspw. ein Erlebnis, an das sie besonders gerne oder häufig zurückdenken, oder ein Erlebnis, daß von großer Bedeutung in ihrem Leben war, das sie geprägt hat oder entscheidende Veränderungen bewirkt hat, ein Erlebnis, das ihnen viel Vergnügen bereitet hat oder über das sie zumindest nachträglich schmunzeln können, ein Erlebnis, daß ihnen zu denken gegeben hat oder das aufregend, beeindruckend oder außergewöhnlich war, vielleicht ein Erlebnis mit Familienmitgliedern, mit Tieren, mit Freunden, in der Schule oder beim Sport, vielleicht im Urlaub, vielleicht aus der frühesten Kindheit oder aus der Jugendzeit, vielleicht ein Erlebnis im Straßenverkehr, auf Arbeit oder im Haushalt oder in der freien Natur etc.

➜ Es empfiehlt sich, die TN darauf einzustimmen, wirklich nur ein Erlebnis zu erzählen und keine größere Episode aus ihrem Leben, das gewählte Erlebnis allerdings ausführlich zu schildern.

➜ Wenn die TN sich für ein Erlebnis entschieden haben, sollten sie auch darüber nachdenken, ob sie der Gruppe dieses Erlebnis wirklich erzählen wollen, oder ob sie sich vielleicht lieber doch noch einmal neu orientieren.

➜ Es empfiehlt sich, den TN vorzugeben, ihr Erlebnis strukturiert vorzutragen, die Art und Weise der Strukturierung aber freizustellen.

➜ Eine Ermunterung, während des Vortrags in Blickkontakt mit allen Zuhörern zu bleiben und an geeigneten Stellen gestische Akzente zu setzen, trägt gute Früchte, da die TN spätestens während des Vortrags feststellen, daß die inhaltlichen Aspekte sie wenig fordern und ein Energieüberschuß verfügbar bleibt.

➜ Abschließend empfiehlt es sich, die Gruppe zu informieren, daß derjenige TN, der die Übung als erstes absolviert, bei dieser wie auch bei allen nachfolgenden Übungen ein kurzes Feedback des Trainers erhält und daß dabei richtungsweisend herausgestellt werden wird, was der TN gut gemacht hat und was von den nachfolgenden TN (zusätzlich) beachtet werden soll.

„Überraschungsei"

Vorbereitung

→ Etwa 20 Minuten, jeder für sich allein, stichpunktartiges Konzept, das nach Bedarf mit nach vorn genommen werden kann.

Durchführung

→ Vergewisserung, daß ggf. notwendige Vorkehrungen für die Auswertung getroffen sind.

→ Einzeln ohne Barriere vor einem offenen Stuhlkreis (und ggf. vor laufender Videokamera).

→ Applaus nach jedem TN.

→ Reihenfolge wenn möglich nach eigener Entscheidung der TN, ansonsten der Reihe nach.

→ Anerkennendes und die nachfolgenden TN orientierendes, prägnantes Feedback seitens des Trainers nach dem bzw. an den ersten TN.

→ Richtungsweisendes Feedback des Trainers immer dann, wenn TN die Übung verändern. Sollte dies nicht geschehen, kann die Übung ohne weitere Unterbrechung zu Ende geführt werden.

→ Das Erfolgserlebnis jedes einzelnen TN hat Priorität, d.h., daß der Trainer möglichst frühzeitig intervenieren sollte, wenn ein TN zu weit aus der Spur gerät. Einem solchen TN im Anschluß an eine kurze Orientierung lieber noch einmal Gelegenheit geben, von vorne zu beginnen. Auch mit einem möglichen zweiten Fehlstart kann seitens des Trainers entsprechend umgegangen werden, spätestens dann sollte der TN die Übung aber zu Ende führen können und unabhängig von seiner Leistung anschließend ein ausschließlich positives Feedback des Trainers erhalten, in dem der erzielte Fortschritt des TN herausgestellt und das Durchhaltevermögen des TN gewürdigt wird. Ein kleiner Extraapplaus, zu dem sich eine Gruppe immer gerne bereit findet, verfehlt ebenfalls nicht seine Wirkung.

Schwierigkeitsgrad

→ mittel

Spaßfaktor

→ mittel

Übung in FREIER REDE (für Videounterstützung gut geeignet)

Zentrale Nutzeffekte der Übung

→ Die TN trainieren die freie Rede.

→ Die TN haben breiten Gestaltungsspielraum.

→ Die TN sind durch die Präsentation des Inhalts vergleichsweise wenig gefordert, so daß sie ihre Aufmerksamkeit während des Vortrags verstärkt strukturellen, sprachlichen und nonverbalen Akzenten zuwenden können.

→ Der einzelne TN findet kreative Entfaltungsmöglichkeit.

→ Die Gruppe hat Spaß.

→ Eine weitere Übung, die die Routine der TN vor der Gruppe (und ggf. vor laufender Videokamera) unmerklich fördert.

Auswertung

→ Siehe Lesezeichen.

Zeitbedarf insgesamt

→ 90-120 Minuten für 15-20 TN ohne Videounterstützung.

→ 180-240 Minuten für 15-20 TN mit Videounterstützung.

Varianten

→ Inhaltliche Eingrenzung, wie bspw.: „Was ich einmal im Urlaub erlebte", „Das Verrückteste, was ich jemals gemacht habe", „Mein aufregendstes Kindheitserlebnis" oder „Meine früheste Kindheitserinnerung".

→ Zusätzliche Vorgabe: Anfertigung eines kleinen Tafelbildes oder einer Skizze zur Veranschaulichung eines zentralen Sachverhaltes.

→ Zusätzliche Vorgabe: Einbettung des Erlebnisberichtes in vorgegebene Struktur, bspw.:
A. Begrüßung
B. Einleitung mit Thema bzw. Überschrift und Untergliederung in drei Punkte
C. Hauptteil
D. Zusammenfassung bzw. Fazit
E. Verabschiedung

Übung in **VISUALISIERUNG, KOORDINATION** und **STRUKTURIERUNG**
(für Videounterstützung sehr gut geeignet)

25 „Wer hätte das gedacht?"

Vorbemerkung:

→ Ein Drudel ist ein viereckiges Bildrätsel und häufig in Zeitschriften auf der Unterhaltungsseite zu finden. Unter diesen Drudeln steht zumeist die Frage „Was ist das?" wie auch die auf den Kopf gestellte Auflösung. Ein Klassiker unter den Drudeln ist bspw. der folgende:

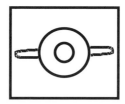

Dieser Drudel zeigt einen Mexikaner auf einem Fahrrad aus der Vogelperspektive.

Aufbau der Übung

→ Der Trainer malt sechs abstrakte, d.h. möglichst interpretationsfähige Drudel an die Tafel, bspw. wie folgt:

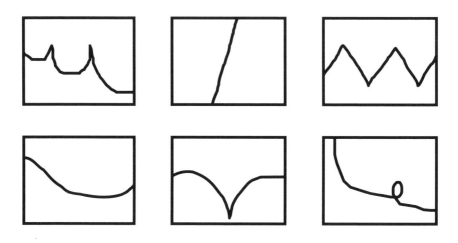

100

Übung in VISUALISIERUNG, KOORDINATION und STRUKTURIERUNG
(für Videounterstützung sehr gut geeignet)

→ Die TN erfinden eine Geschichte zu diesen sechs Drudeln. Dabei suchen sie nicht nach einer vermeintlich richtigen Interpretation der Drudel, sondern lassen ihrer Phantasie einfach freien Lauf.

→ Für einen TN ist bspw. der Drudel oben rechts vielleicht ein Krokodilgebiß, für den nächsten aber ein Sägeblatt oder Wellen auf dem Ozean, der Kamm eines Gockels, die Gipfel der Rocky Mountains, eine EKG-Kurve, eine Zick-Zack-Naht, eine Ziehharmonika, eine Narbe, ein geköpftes Ei oder ein Zahnrad etc. Jeder TN findet so ganz von allein seine eigene Interpretation und entwickelt darüber seine Geschichte.

→ Dabei können die Drudel auch im übertragenen Sinne interpretiert werden, also bspw. der Drudel oben rechts: „In seinem Leben ging es auf und ab", „Der Currywurst-Verkäufer und seine Frau hatten ein spannungsgeladenes Verhältnis" oder „Der Bruch in Adelheids Karriere als schleswig-holsteinische Nachwuchshoffnung im Marathonlauf".

→ In welcher Reihenfolge die Drudel in der Geschichte plaziert werden, bleibt den TN selbst überlassen, d.h. sie können mit jedem beliebigen Drudel beginnen, fortfahren und auch enden.

→ Die TN treten vor die Gruppe und erzählen ihre Geschichte, die immer mit „Es war einmal ..." beginnt.

→ Dabei beziehen sich TN körpersprachlich auf die jeweiligen Drudel, die sie in ihrer Geschichte gerade besprechen.

→ Wenn ein TN in seiner Geschichte also bspw. auf den Drudel oben rechts Bezug nimmt, indem er sagt: „Der König war sehr traurig, weil er seine Krone verlegt hatte", bezieht er sich mit einer entsprechenden Geste des Armes und der Hand auf diesen Drudel, so daß das Publikum genau weiß, daß sich in dieser Geschichte oben rechts die Krone des Königs abgebildet findet.

→ Im Lauf ihrer Geschichte besprechen die TN jeden der sechs Drudel mindestens einmal.

„Wer hätte das gedacht?"

Empfehlungen zur Erläuterung der Übung

→ Es empfiehlt sich, die TN zu ermutigen, nicht gleich die naheliegendste bzw. einfachste Zuordnung zu wählen, sondern eine möglichst originelle Geschichte zu entwickeln. Das gelingt am einfachsten, wenn die TN die Drudel insgesamt kurz auf sich wirken lassen und dann bei demjenigen Drudel beginnen, zu dem sie spontan einen witzigen oder skurrilen Einfall haben.

→ Für die Übung selbst empfiehlt es sich, den TN zu verdeutlichen, daß die größte technische Herausforderung darin besteht, den Standort so zu wählen und die Präsentation so zu gestalten, daß einerseits das Tafelbild mit einbezogen wird, andererseits aber wirklich niemandem im Publikum, und zwar zu keiner Zeit, die sprichwörtliche „kalte Schulter" gezeigt wird. Zur Veranschaulichung sollte der Trainer hierfür sowohl Beispiele wie auch Gegenbeispiele demonstrieren und dabei auch darauf hinweisen, daß die Entscheidung für den Standort rechts oder links vom Tafelbild daran hängt, ob der rechte oder ob der linke Arm beim Zeigen auf die Drudel zum Einsatz kommt.

→ Auf ein vollständiges inhaltliches Beispiel sollte der Trainer besser verzichten, um nicht mögliche Ideen der TN vorwegzunehmen.

→ Abschließend empfiehlt es sich, die Gruppe zu informieren, daß derjenige TN, der die Übung als erstes absolviert, bei dieser wie auch bei allen nachfolgenden Übungen ein kurzes Feedback des Trainers erhält und daß dabei richtungsweisend herausgestellt werden wird, was der TN gut gemacht hat und was von den nachfolgenden TN (zusätzlich) beachtet werden soll.

Übung in VISUALISIERUNG, KOORDINATION und STRUKTURIERUNG
(für Videounterstützung sehr gut geeignet)

Vorbereitung

→ Etwa 15 Minuten, jeder für sich allein, stichpunktartiges Konzept, das nach Bedarf mit nach vorn genommen werde kann.

Durchführung

→ Vergewisserung, daß ggf. notwendige Vorkehrungen für die Auswertung getroffen sind.

→ Einzeln ohne Barriere vor einem offenen Stuhlkreis an der Tafel stehend (und ggf. vor laufender Videokamera).

→ Applaus nach jedem TN.

→ Reihenfolge wenn möglich nach eigener Entscheidung der TN, ansonsten der Reihe nach.

→ Anerkennendes und die nachfolgenden TN orientierendes, prägnantes Feedback seitens des Trainers nach dem bzw. an den ersten TN.

→ Richtungsweisendes Feedback des Trainers immer dann, wenn TN die Übung verändern. Sollte dies nicht geschehen, kann die Übung ohne weitere Unterbrechung zu Ende geführt werden.

→ Das Erfolgserlebnis jedes einzelnen TN hat Priorität, d.h., daß der Trainer möglichst frühzeitig intervenieren sollte, wenn ein TN zu weit aus der Spur gerät. Einem solchen TN im Anschluß an eine kurze Orientierung lieber noch einmal Gelegenheit geben, von vorn zu beginnen. Auch mit einem möglichen zweiten Fehlstart kann seitens des Trainers entsprechend umgegangen werden, spätestens dann sollte der TN die Übung aber zu Ende führen können und unabhängig von seiner Leistung anschließend ein ausschließlich positives Feedback des Trainers erhalten, in dem der erzielte Fortschritt des TN herausgestellt und das Durchhaltevermögen des TN gewürdigt wird. Ein kleiner Extraapplaus, zu dem sich eine Gruppe immer gerne bereit findet, verfehlt ebenfalls nicht seine Wirkung.

Schwierigkeitsgrad

→ hoch

Spaßfaktor

→ sehr hoch

"Wer hätte das gedacht?"

Zentrale Nutzeffekte der Übung

→ Die TN trainieren, die Tafel in ihren Vortrag mit einzubeziehen.

→ Die TN trainieren, strukturiert vorzutragen.

→ Die TN lernen, verbale und nonverbale Botschaften wirkungsvoller einzusetzen und aufeinander abzustimmen.

→ Ruhigere TN, die dazu tendieren, wenig oder gar nicht zu gestikulieren, kommen in Bewegung.

→ Lebhafte TN, die dazu tendieren, unkontrollierte körpersprachliche Akzente zu setzen, finden einen Weg, ihre Bewegungsenergien zielgerichtet einzusetzen.

→ Der einzelne TN findet kreative Entfaltungsmöglichkeit.

→ Die Gruppe hat Spaß.

→ Eine weitere Übung, die die Routine der TN vor der Gruppe (und ggf. vor laufender Videokamera) unmerklich fördert.

Auswertung

→ Siehe Lesezeichen.

Zeitbedarf insgesamt

→ 30-45 Minuten für 15-20 TN ohne Videounterstützung.

→ 75-90 Minuten für 15-20 TN mit Videounterstützung.

Varianten

→ Zweiergruppen, die nacheinander auftreten und in beliebiger Verschachtelung und Choreographie eine Geschichte erzählen, die jeden einzelnen Drudel zweimal aus jeweils anderer Perspektive bespricht.

→ Thematische Eingrenzung, wie bspw. Science-Fiction-, Kriminal- oder Gruselgeschichte.

→ Geschichte in Versform.

→ Drudel zur freien Gestaltung hinzufügen.

→ Vorgaben hinsichtlich der Reihenfolge, bspw. einen Starterdrudel bestimmen.

Übung in **KÖRPERSPRACHLICHEM AUSDRUCK, KOORDINATION** und **STRUKTURIERUNG**
(für Videounterstützung sehr gut geeignet)

26 „Ohne Worte"

Aufbau der Übung

→ Die Gruppe errät Wort für Wort einen Satz, den der TN vorab ausgedacht und hinter die rechte Tafelhälfte geschrieben hat und nun vor der Gruppe stehend ohne Worte darstellt.

→ Die einzelnen formalen Satzbestandteile für die Entwicklung ihres eigenen Satzes werden den TN wie folgt vorgegeben:
1. (Adjektiv)
2. (Eigenname, Berufs- oder Rollenbezeichnung, oder Tier)
3. (Verb)
4. (Adjektiv)
5. (Substantiv)

→ Daraus resultieren Sätze wie bspw.: „Der dicke Baggerfahrer steckt im tiefen Morast", „Die kleine Katze springt auf die große Mülltonne" oder: „Der alte Steuermann ißt eine heiße Fischsuppe."

→ Kleinere Satzbestandteile wie *im* (tiefen Morast) etc. ergeben sich aus dem Satzzusammenhang und werden leicht von selbst erraten.

→ Die einzelnen formalen Satzbestandteile werden vor Beginn der Übung vom Trainer auf die linke Vorderseite der Tafel geschrieben. Jeder TN orientiert die Gruppe per Fingerzeig auf die Tafel, welchen Satzbestandteil er als nächstes darstellen wird.

→ Jedes einzelne von der Gruppe erratene Wort wird auf der Vorderseite der Tafel von einem Assistenten unter die formale Auflistung notiert, bis der Satz schließlich vollständig erraten ist und die Tafel aufgeklappt wird.

Empfehlungen zur Erläuterung der Übung

→ Es empfiehlt sich, die TN zu instruieren, möglichst einfache Worte zu wählen, d.h. Worte, die sie selbst gut ohne Worte darstellen können, und für jedes einzelne Wort ihres Satzes während der Vorbereitung zu überlegen, wie sie es darstellen wollen und welche alternativen Darstellungsmöglichkeiten sie nötigenfalls zum Einsatz bringen.

105

→ Je nach Gruppe empfiehlt es sich zu vereinbaren, daß derjenige TN, dem vor der Gruppe ein Wort entschlüpft, jeweils sogleich fünf Kniebeugen machen muß.

→ Abschließend empfiehlt es sich, die Gruppe zu informieren, daß derjenige TN, der die Übung als erstes absolviert, bei dieser wie auch bei allen nachfolgenden Übungen ein kurzes Feedback des Trainers erhält und daß dabei richtungsweisend herausgestellt werden wird, was der TN gut gemacht hat und was von den nachfolgenden TN (zusätzlich) beachtet werden soll.

Vorbereitung

→ Etwa 20 Minuten, jeder für sich alleine, stichpunktartiges Konzept, das mit nach vorne genommen wird.

Durchführung

→ Vergewisserung, daß ggf. notwendige Vorkehrungen für die Auswertung getroffen sind.

→ Einzeln ohne Barriere vor einem offenen Stuhlkreis (und ggf. vor laufender Videokamera).

→ Ein Assistent steht an der Tafel und notiert die geratenen Worte.

→ Applaus nach jedem TN.

→ Reihenfolge wenn möglich nach eigener Entscheidung der TN, ansonsten der Reihe nach.

→ Anerkennendes und die nachfolgenden TN orientierendes, prägnantes Feedback seitens des Trainers nach dem bzw. an den ersten TN.

→ Richtungsweisendes Feedback des Trainers immer dann, wenn TN die Übung verändern. Sollte dies nicht geschehen, kann die Übung ohne weitere Unterbrechung zu Ende geführt werden.

→ Das Erfolgserlebnis jedes einzelnen TN hat Priorität, d.h., daß der Trainer möglichst frühzeitig intervenieren sollte, wenn ein TN zu weit aus der Spur gerät. Einem solchen TN im Anschluß an eine kurze Orientierung lieber noch einmal Gelegenheit geben, von vorn zu beginnen. Auch mit einem möglichen zweiten Fehlstart kann seitens des Trainers entsprechend umgegangen werden, spätestens dann sollte der TN die Übung aber zu Ende führen können und unabhängig von seiner Leistung anschließend ein ausschließlich positives Feedback des Trainers erhalten, in dem der erzielte Fortschritt des TN herausgestellt und das Durchhaltevermögen des TN gewürdigt wird. Ein kleiner Extraapplaus, zu dem sich eine Gruppe immer gerne bereit findet, verfehlt ebenfalls nicht seine Wirkung.

Übung in KÖRPERSPRACHLICHEM AUSDRUCK, KOORDINATION und STRUKTURIERUNG
(für Videounterstützung sehr gut geeignet)

Schwierigkeitsgrad

→ hoch

Spaßfaktor

→ sehr hoch

Zentrale Nutzeffekte der Übung

→ Enthemmung der Gruppe und der einzelnen TN.

→ Die TN trainieren, strukturiert vorzugehen.

→ Die TN trainieren, prägnante und koordinierte nonverbale Akzente zu setzen.

→ Ruhigere TN, die dazu tendieren, wenig oder gar nicht zu gestikulieren, kommen in Bewegung.

→ Lebhafte TN, die dazu tendieren, unkontrollierte körpersprachliche Akzente zu setzen, finden einen Weg, ihre Bewegungsenergien zielgerichtet einzusetzen.

→ Der einzelne TN findet kreative Entfaltungsmöglichkeit.

→ Die Gruppe hat Spaß.

→ Eine weitere Übung, die die Routine der TN vor der Gruppe (und ggf. vor laufender Videokamera) unmerklich fördert.

Auswertung

→ Siehe Lesezeichen.

Zeitbedarf insgesamt

→ 60-75 Minuten für 15-20 TN ohne Videounterstützung.

→ 120-150 Minuten für 15-20 TN mit Videounterstützung.

Varianten

→ Vorgabe der Satzbestandteile beliebig verändern oder freistellen.

→ Jeder TN denkt sich einen Satz aus, der von dem nachfolgenden TN darzustellen ist; der erste TN erhält seinen Satz vom Trainer. Derjenige TN, der den darzustellenden Satz ausgedacht hat, rät nicht mit.

„Ohne Worte"

→ Halbgruppen bilden, die jeweils eine Liste mit Sätzen zusammenstellen und Zuordnung zu TN der anderen Halbgruppe vornehmen. Für die einzelnen TN, die
den Satz darstellen, wird der Satz jeweils erst unmittelbar vor ihrem Auftritt auf der
Rückseite der Tafel aufgeschrieben. Es rät nur die Halbgruppe, die den Satz noch
nicht kennt. Stetiger Wechsel zwischen den Halbgruppen, Reihenfolge den Listen
folgend. Bei Vorgabe eines Zeitlimits für das Erraten des Satzes auch als Wett-
kampf mit Punktvergabe zwischen den Halbgruppen geeignet.

→ Einzelne Satzbestandteile werden von den TN mit Worten umschrieben und von
der Gruppe erraten.

Notizen

Übung in **VISUALISIERUNG, KOORDINATION** und **STRUKTURIERUNG**
(für Videounterstützung gut geeignet)

27 „Fremdenführer"

Aufbau der Übung

→ Die TN geben vor der Gruppe stehend mit Hilfe einer vorbereiteten Skizze, die sie Schritt für Schritt an die Tafel zeichnen und erläutern, eine Wegbeschreibung vom Trainingsraum zu sich nach Hause.

→ Der Phantasie sind dabei Tür und Tor geöffnet. So haben die TN die freie Wahl des Weges bzw. des oder der Verkehrsmittel, d.h., es braucht bzw. sollte eher nicht der kürzeste oder übliche Weg oder das naheliegendste Verkehrsmittel zu sein. Einzige verbindliche inhaltliche Vorgabe ist der Trainingsraum als Start- und das Zuhause der TN als Zielpunkt.

→ So kann das Ganze bspw. als Kamelritt über die Schwäbische Alb vonstatten gehen, Wegstrecken rund um den Erdball oder durch das Universum umfassen oder Zwischenaufenthalte an beliebten Urlaubsorten einschließen.

Empfehlungen zur Erläuterung der Übung

→ Es empfiehlt sich, die TN zu instruieren, die Wegskizze einfach, übersichtlich und nachvollziehbar proportioniert zu gestalten, also nicht mit Details zu überfrachten und nicht zu engmaschig anzulegen, die Wegskizze in drei bis vier auch unter dramaturgischen Gesichtspunkten geeignete Abschnitte aufzuteilen, die nacheinander an der Tafel aufgemalt und erläutert werden, und zu erwägen, welchen Platzbedarf die Wegskizze insgesamt hat, um beim letzten Abschnitt an der Tafel auch noch genügend Raum zur Verfügung zu haben.

→ Zudem empfiehlt sich, den TN vorzugeben, ihre Wegbeschreibung strukturiert zu präsentieren, die Art und Weise der Strukturierung mit Ausnahme der Schritt-für-Schritt-Abfolge der drei bis vier Wegskizzenabschnitte aber freizustellen.

→ Für die Anfertigung der einzelnen Wegskizzenabschnitte an der Tafel empfiehlt es sich, die TN zu orientieren, mit dem Rücken zur Gruppe, ganz in Ruhe und ohne ein einziges Wort zu sprechen ihren jeweiligen Abschnitt anzumalen, ggf. notwendige Korrekturen nicht mit der Hand oder einem einzelnen Finger vorzunehmen, sondern stets den Schwamm bzw. Lappen zu benutzen und den Vortrag immer erst dann fortzusetzen, wenn der Skizzenabschnitt fertiggestellt, die Kreide aus der Hand gelegt und nach vollzogener Körperdrehung wieder Blickkontakt mit der Gruppe hergestellt ist.

→ Auch wenn die TN in der Übung „Wer hätte das gedacht?" bereits trainiert haben, wie sie sich vor der Gruppe positionieren, wenn sie das Tafelbild mit einbeziehen und besprechen, sollte dieser Punkt bei der Erläuterung der Übung dennoch kurz wiederholt werden.

→ Auf ein vollständiges inhaltliches Beispiel durch den Trainer kann in diesem fortgeschrittenen Stadium des Trainings verzichtet werden.

→ Abschließend empfiehlt es sich, die Gruppe zu informieren, daß derjenige TN, der die Übung als erstes absolviert, bei dieser wie auch bei allen nachfolgenden Übungen ein kurzes Feedback des Trainers erhält und daß dabei richtungsweisend herausgestellt werden wird, was der TN gut gemacht hat und was von den nachfolgenden TN (zusätzlich) beachtet werden soll.

Vorbereitung

→ Etwa 30 Minuten, jeder für sich allein, stichpunktartiges Konzept, das mit nach vorne genommen wird.

Übung in **VISUALISIERUNG, KOORDINATION** und **STRUKTURIERUNG**
(für Videounterstützung gut geeignet)

Durchführung

→ Vergewisserung, daß ggf. notwendige Vorkehrungen für die Auswertung getroffen sind.

→ Einzeln ohne Barriere vor einem offenen Stuhlkreis (und ggf. vor laufender Video-kamera).

→ Applaus nach jedem TN.

→ Reihenfolge wenn möglich nach eigener Entscheidung der TN, ansonsten der Reihe nach.

→ Anerkennendes und die nachfolgenden TN orientierendes, prägnantes Feedback seitens des Trainers nach dem bzw. an den ersten TN.

→ Richtungsweisendes Feedback des Trainers immer dann, wenn TN die Übung verändern. Sollte dies nicht geschehen, kann die Übung ohne weitere Unterbrechung zu Ende geführt werden.

→ Das Erfolgserlebnis jedes einzelnen TN hat Priorität, d.h., daß der Trainer möglichst frühzeitig intervenieren sollte, wenn ein TN zu weit aus der Spur gerät. Einem solchen TN im Anschluß an eine kurze Orientierung lieber noch einmal Gelegenheit geben, von vorn zu beginnen. Auch mit einem möglichen zweiten Fehlstart kann seitens des Trainers entsprechend umgegangen werden, spätestens dann sollte der TN die Übung aber zu Ende führen können und unabhängig von seiner Leistung anschließend ein ausschließlich positives Feedback des Trainers erhalten, in dem der erzielte Fortschritt des TN herausgestellt und das Durchhaltevermögen des TN gewürdigt wird. Ein kleiner Extraapplaus, zu dem sich eine Gruppe immer gerne bereit findet, verfehlt ebenfalls nicht seine Wirkung.

Schwierigkeitsgrad

→ hoch

Spaßfaktor

→ sehr hoch

Zentrale Nutzeffekte der Übung

→ Die TN trainieren, die Tafel in ihren Vortrag mit einzubeziehen.

→ Die TN trainieren, strukturiert vorzutragen.

111

→ Die TN lernen, verbale und nonverbale Botschaften wirkungsvoller einzusetzen und aufeinander abzustimmen.

→ Ruhigere TN, die dazu tendieren, wenig oder gar nicht zu gestikulieren, kommen in Bewegung.

→ Lebhafte TN, die dazu tendieren, unkontrollierte körpersprachliche Akzente zu setzen, finden einen Weg, ihre Bewegungsenergien zielgerichtet einzusetzen.

→ Der einzelne TN findet kreative Entfaltungsmöglichkeit.

→ Die Gruppe hat Spaß.

→ Eine weitere Übung, die die Routine der TN vor der Gruppe (und ggf. vor laufender Videokamera) unmerklich fördert.

Auswertung

→ Siehe Lesezeichen.

Zeitbedarf insgesamt

→ 60-90 Minuten für 15-20 TN ohne Videounterstützung.

→ 120-180 Minuten für 15-20 TN mit Videounterstützung.

Varianten

→ Eine Einzelperson, Zweier- oder Dreiergruppe sitzend als Adressat zwischen Redner und Zuschauern plazieren.

→ Jeder TN beschreibt einen möglichst ungewöhnlichen und originellen Weg zu immer ein und demselben Ziel, wie bspw. nach Rom, zum nächsten Bahnhof oder zum Erfolg.

→ Jeder einzelne Satz eines TN wird aus der Gruppe inhaltlich zusammengefaßt als Frage wiedergegeben, woraufhin der TN entweder solange korrigiert, bis alle Informationen richtig in Frageform wiedergegeben werden, oder sogleich bestätigt und mit dem nächsten Satz fortfährt.

Übung in **VISUALISIERUNG**, **KOORDINATION** und **STRUKTURIERUNG**
(für Videounterstützung gut geeignet)

28 „Endlich"

Aufbau der Übung

→ Die TN treten vor die Gruppe und stellen mit Hilfe einer vorbereiteten Skizze, die sie Schritt für Schritt an die Tafel zeichnen, eine eigene kleine Erfindung vor.

→ Diese Erfindung kann auf dem Boden der Realität angesiedelt sein oder aber auch auf vollkommen abwegigen Bahnen. Der Phantasie sind keine Grenzen gesetzt. Alles kommt in Betracht, bspw. ein adapterbetriebener Handrührer für die Zubereitung leckerer Quarkspeisen im Urlaubsstau, eine Zahnbürste, die sprechen kann und über die aktuellen Aktienkurse und schadhafte Zähne informiert, ein Teppich, der die Farbe wechseln kann oder sich bei Bedarf auch selbst verlegt, eine Wolke, aus der es Champagner regnet, eine Schlafstellung, die den Cholesterinspiegel senkt, ein ferngesteuertes Fensterleder, das sich auf Knopfdruck auch selbst auswringt, ein Auto, das für Radarfallen unsichtbar ist, etc.. Kurz gesagt, alles ist möglich. Der reale Nutzen dieser Erfindungen ist dabei ebensowenig von Interesse wie die Frage, ob sich diese Erfindungen überhaupt realisieren ließen.

Empfehlungen zur Erläuterung der Übung

→ Den Entwurf einer Skizze sowie die Anfertigung und die Einbeziehung eines Tafelbildes haben die TN bereits in den vorherigen Übungen „Fremdenführer" bzw. „Wer hätte das gedacht" trainieren können. Es empfiehlt sich daher bei der Erläuterung dieser Übung, die zentralen Aspekte der technischen Umsetzung nur kurz und in Zwiesprache mit den TN zu wiederholen.

→ Es empfiehlt sich, den TN vorzugeben, ihre Erfindung strukturiert zu präsentieren, die Art und Weise der Strukturierung mit Ausnahme der Einbeziehung einer Tafelskizze aber freizustellen.

→ Auf ein vollständiges inhaltliches Beispiel durch den Trainer kann in diesem fortgeschrittenen Stadium des Trainings verzichtet werden.

→ Abschließend empfiehlt es sich, die Gruppe zu informieren, daß derjenige TN, der die Übung als erstes absolviert, bei dieser wie auch bei allen nachfolgenden Übungen ein kurzes Feedback des Trainers erhält und daß dabei richtungsweisend herausgestellt werden wird, was der TN gut gemacht hat und was von den nachfolgenden TN (zusätzlich) beachtet werden soll.

113

Vorbereitung

→ Etwa 30 Minuten, jeder für sich allein, stichpunktartiges Konzept, das mit nach vorne genommen wird.

Durchführung

→ Vergewisserung, daß ggf. notwendige Vorkehrungen für die Auswertung getroffen sind.

→ Einzeln ohne Barriere vor einem offenen Stuhlkreis (und ggf. vor laufender Videokamera).

→ Applaus nach jedem TN.

→ Reihenfolge wenn möglich nach eigener Entscheidung der TN, ansonsten der Reihe nach.

→ Anerkennendes und die nachfolgenden TN orientierendes, prägnantes Feedback seitens des Trainers nach dem bzw. an den ersten TN.

→ Richtungsweisendes Feedback des Trainers immer dann, wenn TN die Übung verändern. Sollte dies nicht geschehen, kann die Übung ohne weitere Unterbrechung zu Ende geführt werden.

→ Das Erfolgserlebnis jedes einzelnen TN hat Priorität, d.h., daß der Trainer möglichst frühzeitig intervenieren sollte, wenn ein TN zu weit aus der Spur gerät. Einem solchen TN im Anschluß an eine kurze Orientierung lieber noch einmal Gelegenheit geben, von vorne zu beginnen. Auch mit einem möglichen zweiten Fehlstart kann seitens des Trainers entsprechend umgegangen werden, spätestens dann sollte der TN die Übung aber zu Ende führen können und unabhängig von seiner Leistung anschließend ein ausschließlich positives Feedback des Trainers erhalten, in dem der erzielte Fortschritt des TN herausgestellt und das Durchhaltevermögen des TN gewürdigt wird. Ein kleiner Extraapplaus, zu dem sich eine Gruppe immer gerne bereit findet, verfehlt ebenfalls nicht seine Wirkung.

Schwierigkeitsgrad

→ sehr hoch

Spaßfaktor

→ hoch

Übung in VISUALISIERUNG, KOORDINATION und STRUKTURIERUNG
(für Videounterstützung gut geeignet)

Zentrale Nutzeffekte der Übung

→ Die TN trainieren, während ihres Vortrags ein Tafelbild zu entwerfen und dieses Tafelbild in ihren Vortrag mit einzubeziehen.

→ Die TN trainieren, strukturiert vorzutragen.

→ Die TN lernen, verbale und nonverbale Botschaften wirkungsvoller einzusetzen und aufeinander abzustimmen.

→ Ruhigere TN, die dazu tendieren, wenig oder gar nicht zu gestikulieren, kommen in Bewegung.

→ Lebhafte TN, die dazu tendieren, unkontrollierte körpersprachliche Akzente zu setzen, finden einen Weg, ihre Bewegungsenergien zielgerichtet einzusetzen.

→ Der einzelne TN findet kreative Entfaltungsmöglichkeit.

→ Die Gruppe hat Spaß.

→ Eine weitere Übung, die die Routine der TN vor der Gruppe (und ggf. vor laufender Videokamera) unmerklich fördert.

Auswertung

→ Siehe Lesezeichen.

Zeitbedarf insgesamt

→ 60-90 Minuten für 15-20 TN ohne Videounterstützung.

→ 120-180 Minuten für 15-20 TN mit Videounterstützung.

Varianten

→ Auf die Gruppe bezogene Eingrenzung, wie bspw.: „Was Studenten, Mitarbeiter der Fa. Heisebrinck & Sommereith, Bürger der Stadt Ravensburg, Menschen zwischen 40 und 50 oder Hobbygärtner nach Lage der Dinge noch unbedingt brauchen ..."

→ Zweier- oder Dreiergruppen bilden, die jeweils gemeinsam eine Idee entwickeln und präsentieren.

→ Eine Einzelperson, Zweier- oder Dreiergruppe sitzend als Adressat zwischen Redner und Zuschauern plazieren.

„Endlich"

→ Zusätzliche Vorgabe: Abschließend die fünf entscheidenden Vorteile dieser neuen Erfindung als Countdown aufzählen, also mit dem vermeintlich kleinsten Vorteil als fünftem Punkt beginnen.

Notizen

Übung in **KÖRPERSPRACHLICHEM AUSDRUCK, STRUKTURIERUNG** und **KOORDINATION**
(für Videounterstützung sehr gut geeignet)

 „Zoo"

Aufbau der Übung

→ Die TN treten vor die Gruppe und erzählen von einem kurz zurückliegenden wirklichen oder fiktiven Zoobesuch. Beginnend etwa mit: „Letzten Sonntag war ich im Zoo ..."

→ Aufgabe ist es dann, von drei Tieren zu berichten, die bei diesem Zoobesuch gesehen wurden.

→ Zu jedem Tier ist eine Geste zu dessen Gestalt (insgesamt oder einzelnem Körperteil) zu machen und eine Geste zu dem, was das Tier getan hat.

→ Die Schilderung des Zoobesuchs ist nicht an reale Verhältnisse in einem zoologischen Garten gebunden, sondern kann frei nach Phantasie erdacht und entwickelt werden.

→ So kann sich der Zoobesuch etwa als Gang von Gehege zu Gehege gestalten oder aber eine kleine Geschichte erfunden werden, in der die Tiere untereinander oder mit dem Besucher selbst oder Dritten in Beziehung treten.

117

Empfehlungen zur Erläuterung der Übung

→ Es empfiehlt sich, den TN bei Erläuterung der Übung einen kurzen Überblick über die fast unerschöpflichen Auswahlmöglichkeiten betreffs der Entscheidung für einzelne Tiere zu geben. Also etwa in großen Zügen aufzuzählen, was es alles gibt, Vögel, Säugetiere, Fische, Insekten, Reptilien, Amphibien etc.

→ Um die Hemmschwelle zu senken, ist es von großem Nutzen, wenn der Trainer nicht nur zur Vorbereitung von großen und lebendigen Gesten auffordert, sondern selbst auch ein möglichst agiles Tier mit großen Bewegungen vormacht, wie beispielsweise ein Känguruh.

→ Auf ein vollständiges inhaltliches Beispiel durch den Trainer kann in diesem fortgeschrittenen Stadium des Trainings allerdings verzichtet werden.

→ Vor beginnender Vorbereitungszeit empfiehlt sich ein Hinweis darauf, daß den TN bei Erläuterung der Übung erfahrungsgemäß überwiegend dieselben Tiere einfallen. Möchten die TN die Originalität ihrer eigenen Darbietung also sichern, sollten sie sich einen Augenblick Zeit nehmen und eine etwas ungewöhnlichere Auswahl an Tieren treffen.

→ Abschließend empfiehlt es sich, die Gruppe zu informieren, daß derjenige TN, der die Übung als erstes absolviert, bei dieser wie auch bei allen nachfolgenden Übungen ein kurzes Feedback des Trainers erhält und daß dabei richtungsweisend herausgestellt werden wird, was der TN gut gemacht hat und was von den nachfolgenden TN (zusätzlich) beachtet werden soll.

Vorbereitung

→ Etwa 15 Minuten, jeder für sich allein, stichpunktartiges Konzept, das nach Bedarf auch mit nach vorne genommen werden kann.

Durchführung

→ Vergewisserung, daß ggf. notwendige Vorkehrungen für die Auswertung getroffen sind.

→ Einzeln ohne Barriere vor einem offenen Stuhlkreis (und ggf. vor laufender Videokamera).

→ Applaus nach jedem TN.

→ Reihenfolge wenn möglich nach eigener Entscheidung der TN, ansonsten der Reihe nach.

Übung in **KÖRPERSPRACHLICHEM AUSDRUCK, STRUKTURIERUNG** und **KOORDINATION**
(für Videounterstützung sehr gut geeignet)

→ Anerkennendes und die nachfolgenden TN orientierendes, prägnantes Feedback seitens des Trainers nach dem bzw. an den ersten TN.

→ Richtungsweisendes Feedback des Trainers immer dann, wenn TN die Übung verändern. Sollte dies nicht geschehen, kann die Übung ohne weitere Unterbrechung zu Ende geführt werden.

→ Das Erfolgserlebnis jedes einzelnen TN hat Priorität, d.h., daß der Trainer möglichst frühzeitig intervenieren sollte, wenn ein TN zu weit aus der Spur gerät. Einem solchen TN im Anschluß an eine kurze Orientierung lieber noch einmal Gelegenheit geben, von vorne zu beginnen. Auch mit einem möglichen zweiten Fehlstart kann seitens des Trainers entsprechend umgegangen werden, spätestens dann sollte der TN die Übung aber zu Ende führen können und unabhängig von seiner Leistung anschließend ein ausschließlich positives Feedback des Trainers erhalten, in dem der erzielte Fortschritt des TN herausgestellt und das Durchhaltevermögen des TN gewürdigt wird. Ein kleiner Extraapplaus, zu dem sich eine Gruppe immer gerne bereit findet, verfehlt ebenfalls nicht seine Wirkung.

Schwierigkeitsgrad

→ sehr hoch

Spaßfaktor

→ sehr hoch

Zentrale Nutzeffekte der Übung

→ Enthemmung der Gruppe und der einzelnen TN.

→ Die TN trainieren, strukturiert vorzutragen.

→ Die TN lernen, verbale und nonverbale Botschaften wirkungsvoller einzusetzen und aufeinander abzustimmen.

→ Ruhigere TN, die dazu tendieren, wenig oder gar nicht zu gestikulieren, kommen in Bewegung.

→ Lebhafte TN, die dazu tendieren, unkontrollierte körpersprachliche Akzente zu setzen, finden einen Weg, ihre Bewegungsenergien zielgerichtet einzusetzen.

→ Der einzelne TN findet kreative Entfaltungsmöglichkeit.

→ Die Gruppe hat Spaß.

→ Eine weitere Übung, die die Routine der TN vor der Gruppe unmerklich fördert.

"Zoo"

Auswertung

→ Siehe Lesezeichen.

Zeitbedarf insgesamt

→ 45-60 Minuten für 15-20 TN ohne Videounterstützung.

→ 90-120 Minuten für 15-20 TN mit Videounterstützung.

Varianten

→ Verlegung des Schauplatzes, also bspw.: „Foto-Safari in Afrika", „Tauchgang in der Südsee" oder „Spaziergang durch den Monsterwald".

→ Zweier- (A-B) oder Dreiergruppen (A-B-C) bilden, die von insgesamt sechs Tieren berichten und ihren Auftritt im zuvor abgestimmten Wechsel A-B-A-B-A etc. bzw. A-B-C-A-B-C-A etc. gestalten. Ausgesprochen unterhaltsam gestaltet sich diese Variante, wenn auch die Gruppenmitglieder in die Präsentation mit einbezogen bleiben, die selbst gerade nicht das Wort führen und dabei bspw. im Wechsel die jeweiligen Tiere darstellen oder eine kleine Schwester oder einen Tierpfleger mimen. Eine ausreichende Vorbereitungszeit von 20-30 Minuten empfiehlt sich bei dieser Variante ebenso wie eine ausdrückliche Ermunterung der TN zu handlungsintensiven und skurrilen Geschichten.

→ Zusätzliche Vorgabe: Neben den Gesten zu jedem Tier auch möglichst lautstark dessen Geräusche nachzuahmen.

Notizen

Übung in **KÖRPERSPRACHLICHEM AUSDRUCK, STRUKTURIERUNG** und **KOORDINATION**
(für Videounterstützung sehr gut geeignet)

30 „Die liebe Nachbarschaft"

Aufbau der Übung

➜ Die TN treten vor die Gruppe und erzählen von ihrer fiktiven Nachbarschaft. Dabei geht es um Nachbarn auf insgesamt vier Seiten. Der Phantasie sind dabei Tür und Tor geöffnet.

➜ Bodenständige Ansätze wären bspw.: „Ich wohne in einem Mietshaus. Über mir ... / Unter mir ... / Links von mir ... / Rechts von mir wohnt ..." oder: „Ich wohne in einem Einfamilienhaus. Links von mir ... / Rechts von mir ... / Hinter mir ... / Nach vorne über die Straße wohnt ..."

➜ Skurrilere Ansätze wären bspw.: „Ich lebe alleine auf einer kleinen Insel im Südpazifik. Auf meiner Nachbarinsel im Norden / Süden / Osten / Westen lebt ..." oder: „Ich komme von einem kleinen Planeten am Rande der Milchstraße. Nicht weit entfernt gibt es dort noch vier weitere bewohnte Planeten. Ein kleiner blauer / grüner / gelber / und ein roter Planet. Auf dem blauen Planet lebt ..."

➜ Aufgabe ist es nun, zu der Nachbarschaft nähere Auskunft zu erteilen. Dabei ist zu jedem der Nachbarn eine Geste zu dessen Gestalt (insgesamt oder einzelnem Körperteil) zu machen und eine Geste zu dem, was er so tut.

Empfehlungen zur Erläuterung der Übung

➜ Zur Orientierung der TN empfiehlt es sich, ein plastisches Beispiel zu geben, wie etwa einen Nachbarn mit einem kürzeren Bein, der den ganzen lieben langen Tag den Rasen mäht, eine bucklige Nachbarin, die regelmäßig am späten Nachmittag mit angeschnalltem Melkschemel auf die angrenzende Weide geht und ihre Kuh per Hand melkt, oder einen Nachbarn mit ausladenden O-Beinen, der immer Western-Stiefel trägt und läuft wie John Wayne.

➜ Je ausladender, ausführlicher und lebendiger dieses Beispiel hinsichtlich der Gesten ausfällt, desto beherzter gehen anschließend erfahrungsgemäß auch die TN zu Werke.

➜ Auf ein vollständiges inhaltliches Beispiel durch den Trainer kann in diesem fortgeschrittenen Stadium des Trainings allerdings verzichtet werden.

➜ Eine Ermunterung der TN, bei der Auswahl der Nachbarschaft gerne auch Wirklichkeit und Phantasie zu vermischen, eröffnet Horizonte und trägt gute Früchte.

"Die liebe Nachbarschaft"

→ Abschließend empfiehlt es sich, die Gruppe zu informieren, daß derjenige TN, der die Übung als erstes absolviert, bei dieser wie auch bei allen nachfolgenden Übungen ein kurzes Feedback des Trainers erhält und daß dabei richtungsweisend herausgestellt werden wird, was der TN gut gemacht hat und was von den nachfolgenden TN (zusätzlich) beachtet werden soll.

Vorbereitung

→ Etwa 15 Minuten, jeder für sich allein, stichpunktartiges Konzept, das nach Bedarf auch mit nach vorn genommen werden kann.

Durchführung

→ Vergewisserung, daß ggf. notwendige Vorkehrungen für die Auswertung getroffen sind.

→ Einzeln ohne Barriere vor einem offenen Stuhlkreis (und ggf. vor laufender Videokamera).

→ Applaus nach jedem TN.

→ Reihenfolge wenn möglich nach eigener Entscheidung der TN, ansonsten der Reihe nach.

→ Anerkennendes und die nachfolgenden TN orientierendes, prägnantes Feedback seitens des Trainers nach dem bzw. an den ersten TN.

→ Richtungsweisendes Feedback des Trainers immer dann, wenn TN die Übung verändern. Sollte dies nicht geschehen, kann die Übung ohne weitere Unterbrechung zu Ende geführt werden.

→ Das Erfolgserlebnis jedes einzelnen TN hat Priorität, d.h., daß der Trainer möglichst frühzeitig intervenieren sollte, wenn ein TN zu weit aus der Spur gerät. Einem solchen TN im Anschluß an eine kurze Orientierung lieber noch einmal Gelegenheit geben, von vorne zu beginnen. Auch mit einem möglichen zweiten Fehlstart kann seitens des Trainers entsprechend umgegangen werden, spätestens dann sollte der TN die Übung aber zu Ende führen können und unabhängig von seiner Leistung anschließend ein ausschließlich positives Feedback des Trainers erhalten, in dem der erzielte Fortschritt des TN herausgestellt und das Durchhaltevermögen des TN gewürdigt wird. Ein kleiner Extraapplaus, zu dem sich eine Gruppe immer gerne bereit findet, verfehlt ebenfalls nicht seine Wirkung.

Schwierigkeitsgrad

→ sehr hoch

Übung in **KÖRPERSPRACHLICHEM AUSDRUCK, STRUKTURIERUNG** und **KOORDINATION**
(für Videounterstützung sehr gut geeignet)

Spaßfaktor

→ sehr hoch

Zentrale Nutzeffekte der Übung

→ Enthemmung der Gruppe und der einzelnen TN.

→ Die TN trainieren, strukturiert vorzutragen.

→ Die TN lernen, verbale und nonverbale Botschaften wirkungsvoller einzusetzen und aufeinander abzustimmen.

→ Ruhigere TN, die dazu tendieren, wenig oder gar nicht zu gestikulieren, kommen in Bewegung.

→ Lebhafte TN, die dazu tendieren, unkontrollierte körpersprachliche Akzente zu setzen, finden einen Weg, ihre Bewegungsenergien zielgerichtet einzusetzen.

→ Der einzelne TN findet kreative Entfaltungsmöglichkeit.

→ Die Gruppe hat Spaß.

→ Eine weitere Übung, die die Routine der TN vor der Gruppe unmerklich fördert.

Auswertung

→ Siehe Lesezeichen.

Zeitbedarf insgesamt

→ 45-60 Minuten für 15-20 TN ohne Videounterstützung.

→ 90-120 Minuten für 15-20 TN mit Videounterstützung.

Varianten

→ Jeder TN bezieht sich gestisch entweder auf ein entsprechendes Tafelbild, das bspw. ein Haus mit fünf kreuzförmig zueinander angeordneten Fenstern zeigt, oder auf vier leere Stühle, die er um sich herum plaziert, oder auf vier „Statisten", die er selbst aus der Gruppe wählt und die auf diesen Stühlen wortlos die Nachbarschaft verkörpern.

→ Inhaltliche Eingrenzung, wie bspw. „Marotten meiner Nachbarschaft", „Wie meine Nachbarn ihr Wochenende verbringen" oder „Hinter verschlossenen Türen".

123

„Die liebe Nachbarschaft"

→ Die TN erfinden keine Geschichte, sondern erzählen von ihrer tatsächlichen Nachbarschaft.

→ Zusätzliche Vorgabe: neben den Gesten zu jedem Nachbarn jeweils auch tatkräftig ein Geräusch nachzuahmen.

→ Zweiergruppen (A-B) bilden, die ihren Auftritt im zuvor abgestimmten Wechsel A-B-A-B-A etc. gestalten. Eine Spielart dieser Variante ist die Bildung gemischtge-schlechtlicher Gruppen, die bei der Präsentation als Ehepaar auftreten.

Notizen

Übung in **STANDFESTIGKEIT, SCHLAGFERTIGKEIT** und **STRUKTURIERUNG**
(für Videounterstützung gut geeignet)

31 „Hohle Hand"

Aufbau der Übung

→ Die TN halten einen kleinen strukturierten Vortrag.

→ Das Thema zu diesem Vortrag erhalten sie erst unmittelbar vor ihrem Auftritt.

→ Die einzelnen Themen werden von den TN selbst füreinander entwickelt.

→ Zu diesem Zweck schreibt jeder TN zuerst einmal drei bis vier mögliche Themen auf.
Je nach Vorliebe des einzelnen TN bzw. der Gruppe können diese Themen sachlich-nüchtern oder auf Unterhaltungswert hin angelegt sein, sollten aber keinesfalls intellektuell überfordern und nach Möglichkeit Raum für eine phantasievolle Ausgestaltung bieten, wie bspw. „Wetterfühligkeit", „Kochkurs für Anfänger" oder „Mein Leben als Bürgersteig in einer stillen Seitenstraße".

→ Anschließend Aufteilung in Halbgruppen, die sich räumlich getrennt voneinander zusammensetzen und die Aufgabe haben, unter Beteiligung aller ihrer Mitglieder aus der Vielzahl ihrer zuvor entwickelten Ideen jeweils eine Liste zu erstellen, auf der jedem einzelnen TN der anderen Halbgruppe ein bestimmtes Thema zugeordnet wird. Wenn beide Halbgruppen ihre Listen fertiggestellt haben, kann die Gruppe insgesamt wieder zusammenkommen und die Übung beginnen.

→ Der Trainer fragt eine der beiden Halbgruppen, wer auf ihrer Liste ganz oben steht. Dieser TN erhält nun sein Thema, einen kleinen Augenblick der Besinnung, steht dann auf, geht nach vorne und hält seinen zwei bis drei Unterpunkte umfassenden Vortrag.

→ Im Anschluß kommen die übrigen TN im stetigen Wechsel zwischen den beiden Halbgruppenlisten an die Reihe.

Empfehlungen zur Erläuterung der Übung

→ Für die Erstellung der Listen in den Halbgruppen sollte deutlich herausgestellt werden, daß keine Themenzuordnung zulässig ist, die persönlich verletzenden oder diffamierenden Zuschnitt hat.

→ Grundsätzlich kann die Strukturierung des Vortrags mit Ausnahme der drei Unterpunkte freigestellt werden, es empfiehlt sich jedoch folgende Struktur anzubieten: Begrüßung – Einleitung – Hauptteil – Zusammenfassung – Verabschiedung.

→ Zudem empfiehlt es sich, den TN im Vorfeld zu verdeutlichen, daß die eigentliche Herausforderung dieser Übung darin liegt, die Untergliederung in drei Unterpunkte vorzunehmen. Wenn sie vom Platz nach vorn kommen und während sie das Publikum begrüßen, haben sie Zeit, diese Frage im Hinterkopf zu reflektieren und zu entscheiden. Der Rest geht dann fast wie von selbst.

→ Abschließend empfiehlt es sich, die Gruppe zu informieren, daß derjenige TN, der die Übung als erstes absolviert, bei dieser wie auch bei allen nachfolgenden Übungen ein kurzes Feedback des Trainers erhält und daß dabei richtungsweisend herausgestellt werden wird, was der TN gut gemacht hat und was von den nachfolgenden TN (zusätzlich) beachtet werden soll.

Vorbereitung

→ Fünf bis zehn Sekunden auf dem Platz sitzend und auf dem Weg nach vorn.

Durchführung

→ Vergewisserung, daß ggf. notwendige Vorkehrungen für die Auswertung getroffen sind.

→ Einzeln ohne Barriere vor einem offenen Stuhlkreis (und ggf. vor laufender Videokamera).

→ Applaus nach jedem TN.

→ Reihenfolge im Wechsel zwischen den Halbgruppen entsprechend der jeweiligen zufälligen Abfolge auf den Listen.

→ Anerkennendes und die nachfolgenden TN orientierendes, prägnantes Feedback seitens des Trainers nach dem bzw. an den ersten TN.

→ Richtungsweisendes Feedback des Trainers immer dann, wenn TN die Übung verändern. Sollte dies nicht geschehen, kann die Übung ohne weitere Unterbrechung zu Ende geführt werden.

→ Das Erfolgserlebnis jedes einzelnen TN hat Priorität, d.h., daß der Trainer möglichst frühzeitig intervenieren sollte, wenn ein TN zu weit aus der Spur gerät. Einem solchen TN im Anschluß an eine kurze Orientierung lieber noch einmal Gelegenheit geben, von vorn zu beginnen. Auch mit einem möglichen zweiten Fehlstart kann seitens des Trainers entsprechend umgegangen werden, spätestens dann sollte der TN die Übung aber zu Ende führen können und unabhängig von seiner

Übung in **STANDFESTIGKEIT, SCHLAGFERTIGKEIT** und **STRUKTURIERUNG**
(für Videounterstützung gut geeignet)

Leistung anschließend ein ausschließlich positives Feedback des Trainers erhalten, in dem der erzielte Fortschritt des TN herausgestellt und das Durchhaltevermögen des TN gewürdigt wird. Ein kleiner Extraapplaus, zu dem sich eine Gruppe immer gerne bereit findet, verfehlt ebenfalls nicht seine Wirkung.

Schwierigkeitsgrad

→ sehr hoch

Spaßfaktor

→ sehr hoch

Zentrale Nutzeffekte der Übung

→ Die TN erleben, daß sie der Herausforderung einer Stehgreifrede durch eine strukturierte Vorgehensweise standhalten können.

→ Die TN lernen, sich Luft zum Nachdenken zu verschaffen.

→ Die TN trainieren ihre Schlagfertigkeit.

→ Der einzelne TN findet kreative Entfaltungsmöglichkeit.

→ Die Gruppe hat Spaß.

→ Eine weitere Übung, die die Routine der TN vor der Gruppe unmerklich fördert.

Auswertung

→ Siehe Lesezeichen.

Zeitbedarf insgesamt

→ 90-120 Minuten für 15-20 TN ohne Videounterstützung.

→ 180-240 Minuten für 15-20 TN mit Videounterstützung.

Varianten

→ Mündliche Themenvergabe seitens des Trainers.

→ Ziehen eines Themas aus einem vorbereiteten Themenkarten-Sortiment.

„Hohle Hand"

→ Drei eigene Themenvorschläge des TN, die Gruppe wählt per Abstimmung einen davon aus.

→ Zusätzliche Vorgabe: Visualisierung eines einzelnen Aspektes des Vortrages per Tafelbild.

→ Vollständiger Verzicht auf Bedenkzeit.

Notizen

Übung in SCHLAGFERTIGKEIT, ARGUMENTATION und STABILITÄT
(für Videounterstützung gut geeignet)

32 „Der Nächste bitte"

Aufbau der Übung

→ Eine Prüfungssituation wird inszeniert. Aufgabe der TN ist es, vor einer dreiköpfigen, hinter einem Tisch sitzenden Prüfungskommission stehend, in strukturierter Form über drei ihrer Hobbys zu berichten und unmittelbar anschließend fünf Minuten lang den darauf Bezug nehmenden Fragen der Prüfer zu entgegnen.

Empfehlungen zur Erläuterung der Übung

→ Die Struktur für den Vortragsteil sollte in folgender Form vorgegeben werden: Begrüßung – Einleitung mit Thema und drei Unterpunkten – Hauptteil – Zusammenfassung.

→ Zur Vorbereitung der Frage-Antwort-Passage empfiehlt es sich, die TN darauf einzustimmen, Ruhe, Konzentration und Gelassenheit zu bewahren.

→ Abschließend empfiehlt es sich, die Gruppe zu informieren, daß derjenige TN, der die Übung als erstes absolviert, ein kurzes Feedback des Trainers erhält und daß dabei richtungsweisend herausgestellt werden wird, was der TN gut gemacht hat und was von den nachfolgenden TN (zusätzlich) beachtet werden soll.

Vorbereitung

→ Etwa 15 Minuten, jeder für sich allein, stichpunktartiges Konzept, das nach Bedarf auch mit nach vorn genommen werden kann.

Durchführung

→ Vergewisserung, daß ggf. notwendige Vorkehrungen für die Auswertung getroffen sind.

→ Einzeln ohne Barriere vor einem offenen Stuhlkreis und einer zwischen dem Publikum und dem TN an einem Tisch sitzenden Prüfungskommission (und ggf. vor laufender Videokamera).

→ Der Trainer nimmt ab Beginn der Frage-Anwort-Passage die Zeit und stoppt nach Ablauf von fünf Minuten.

→ Applaus nach jedem TN.

→ Reihenfolge wenn möglich nach eigener Entscheidung der TN, ansonsten der Reihe nach.

→ Anerkennendes und die nachfolgenden TN orientierendes, prägnantes Feedback seitens des Trainers nach dem bzw. an den ersten TN.

→ Richtungsweisendes Feedback des Trainers immer dann, wenn TN die Übung verändern. Sollte dies nicht geschehen, kann die Übung ohne weitere Unterbrechung zu Ende geführt werden.

→ Das Erfolgserlebnis jedes einzelnen TN hat Priorität, d.h., daß der Trainer möglichst frühzeitig intervenieren sollte, wenn ein TN zu weit aus der Spur gerät. Einem solchen TN im Anschluß an eine kurze Orientierung lieber noch einmal Gelegenheit geben, von vorn zu beginnen. Auch mit einem möglichen zweiten Fehl-

Übung in **SCHLAGFERTIGKEIT, ARGUMENTATION** und **STABILITÄT**
(für Videounterstützung gut geeignet)

start kann seitens des Trainers entsprechend umgegangen werden, spätestens dann sollte der TN die Übung aber zu Ende führen können und unabhängig von seiner Leistung anschließend ein ausschließlich positives Feedback des Trainers erhalten, in dem der erzielte Fortschritt des TN herausgestellt und das Durchhaltevermögen des TN gewürdigt wird. Ein kleiner Extraapplaus, zu dem sich eine Gruppe immer gerne bereit findet, verfehlt ebenfalls nicht seine Wirkung.

Schwierigkeitsgrad

→ sehr hoch

Spaßfaktor

→ mittel

Zentrale Nutzeffekte der Übung

→ Die TN trainieren, sich in Leistungssituationen stabil und strukturiert zu präsentieren.

→ Die TN trainieren ihre Schlagfertigkeit und ihr Argumentationsvermögen.

→ Die TN trainieren die Beziehungsgestaltung bei Frage und Antwort.

→ Der einzelne TN findet kreative Entfaltungsmöglichkeit.

→ Die Gruppe hat Spaß.

→ Eine weitere Übung, die die Routine der TN vor der Gruppe unmerklich fördert.

Auswertung

→ Siehe Lesezeichen.

Zeitbedarf insgesamt

→ 60-90 Minuten für 15-20 TN ohne Videounterstützung.

→ 120-180 Minuten für 15-20 TN mit Videounterstützung.

Varianten

→ TN präsentiert zuerst seinen Lebenslauf oder einen Sachverhalt und wird anschließend dazu befragt.

→ Zusätzliche Vorgabe: Wortlaut der Frage jeweils an den Anfang der Antwort stellen.

→ Zusätzliche Vorgabe: Visualisierung eines einzelnen Aspektes per Tafelbild.

Notizen

Leitfaden zur Auswertung der Übungen

Auswertung *ohne* Videounterstützung

Bei Verzicht auf Videounterstützung empfiehlt sich anstelle einer abschließenden Auswertung in der Gesamtgruppe wahlweise:

1. der ersatzlose Verzicht auf eine Auswertung. Der Vorteil dieser Vorgehensweise liegt darin, daß mehr Zeit für weitere Übungen bleibt und daß die TN noch mehr Spaß an den Übungen bzw. am Ablauf des Trainings haben; der Nachteil liegt darin, daß keine Reflexion stattfindet.

Ein gangbarer Mittelweg ist es, Auswertungen nicht bei jeder Übung vorzunehmen, sondern in sinnvoll erscheinenden Abständen über den Trainingstag bzw. über die Übungen zu verteilen.

2. eine prägnante Einzelauswertung des Trainers mit jedem TN unmittelbar nach dessen Auftritt, wobei der TN zuerst mündlich eine Selbsteinschätzung vornimmt, d.h. <u>eine</u> Stärke seines Auftritts sowie <u>ein</u> Entwicklungsziel für künftige Auftritte benennt und der Trainer daran anschließend in geeigneter Form motivierend und orientierend dazu Stellung nimmt.

3. die Aufteilung in Zweier- oder Dreiergruppen nach Abschluß der Übung. In den Kleingruppen reflektieren und besprechen die TN untereinander ihre vorausgegangenen Auftritte. An eine solche Kleingruppenauswertung kann sich ggf. auch eine Runde in der Gesamtgruppe anschließen, in der jeder TN <u>eine</u> persönliche Stärke und <u>ein</u> persönliches Entwicklungsziel nennt.

Bei der Entscheidung für eine abschließende Auswertungsrunde im Plenum empfiehlt sich ohne Videounterstützung folgende Vorgehensweise:

→ Die Auswertungsrunde mit Selbsteinschätzung jedes TN und ggf. Feedback unmittelbar an die Übung anschließen.

→ Zur Vorbereitung der Auswertungsrunde nimmt jeder TN sogleich nach seinem Auftritt Zettel und Stift zur Hand und macht sich sowohl Notizen zu dem, was ihm seiner Ansicht nach gut gelungen ist, und zu dem, was er bei folgenden Übungen anders machen will.

→ In der Auswertungsrunde benennt jeder der TN zu den beiden genannten Aspekten jeweils den ihm persönlich wichtigsten Punkt.

→ Die TN dabei der Reihe nach befragen, im Laufe mehrerer Übungen immer mal wieder woanders anfangen.

→ Falls bereits eine oder mehrere andere Übungen vorausgegangen sind, steht die Auswertung immer unter der Überschrift „Im Vergleich zur letzten Übung".

Auswertung *mit* Videounterstützung

→ Vor der Vorführung der Aufnahmen Instruktion der TN, hinzusehen, wenn sie selbst auf dem Bildschirm zu sehen sind, und bei der eigenen Aufnahme darauf zu achten, was ihnen besonders gut gefällt und was sie bei folgenden Übungen anders machen wollen.

→ Dazu nimmt jeder TN Zettel und Stift zur Hand und macht sich zu gegebener Zeit Notizen.

→ Nach der Vorführung der kompletten Videoaufnahme eine Runde, in der jeder zu den beiden genannten Aspekten jeweils den ihm persönlich wichtigsten Punkt benennt.

→ Die TN dabei der Reihe nach befragen, im Laufe mehrerer Übungen immer mal wieder woanders anfangen.

→ Falls bereits eine oder mehrere andere Übungen vorausgegangen sind, steht die Auswertung immer unter der Überschrift „Im Vergleich zur letzten Übung".

Empfehlungen zur Auswertung mit und ohne Videounterstützung

→ Es empfiehlt sich, darauf zu achten, daß die TN lernen, ausschließlich positiv zu formulieren, also solche Selbsteinschätzungen wie „Gut gefallen hat mir, daß ich am Anfang nicht so schief dagestanden bin" solange auf positive Formulierung hin zu hinterfragen, bis der TN etwa zu der Aussage kommt: „Gut gefallen hat mir, daß ich am Anfang gerade stand."

→ Dasselbe gilt für den persönlichen Entwicklungsschritt, den die TN benennen.

→ Bei dem persönlichen Entwicklungsschritt, den die TN ins Auge fassen, empfiehlt es sich außerdem, Formulierungen wie „Ich muß" oder „Ich sollte" o.ä. beispielgebend beim erstem Auftreten in Formulierungen wie „Ich will" oder „Ich werde" oder „Ich möchte" oder „Mein Ziel ist es" o.ä. umzulenken. Erfahrungsgemäß bürgert sich dieser Sprachgebrauch dann rasch in der Gruppe ein, so daß es im weiteren nur noch gelegentlich leichte Anstöße in diese Richtung braucht.

→ Auf Ausführlichkeit bei der Auswertung verzichten, was zählt ist Prägnanz und gewonnene Zeit für weitere Übungen.

→ Gerade zu Beginn des Trainingstages bzw. der Auswertungsrunde diplomatisch, aber hartnäckig nachfragen, wenn ein TN scheinbar nichts gefunden hat, was ihm an sich selbst gefallen hat. Nach Möglichkeit erst dann zum nächsten weitergehen, wenn der TN schließlich doch noch fündig geworden ist (Präzedenzfallprinzip).

→ Im Laufe eines ganzen Trainingstages kommt es gelegentlich vor, daß TN bei einer Übung im Gegensatz zu vorhergehenden Übungen gar nichts zu ihrer eigenen Leistung zu sagen wissen. Es empfiehlt sich in solchen Fällen, die der Auswertungsrunde zugrunde gelegte Regel dadurch ohne Konflikt aufrechtzuerhalten, daß man den TN und damit gleich auch die gesamte Gruppe wissen läßt, daß es o.k. ist, sich einmal eine persönliche Auszeit zu nehmen und unumwunden zum nächsten weiterzugehen.

Dr. Dieter Gerhold
Freier Dozent und Trainer

Lehrtrainer für Transaktionsanalyse (PTM)
DGTA (Deutsche Gesellschaft für Transaktionsanalyse)
EATA (European Association for Transactional Analysis)

Supervisor
EAS (European Association for Supervision)

Das Buch hat Ihnen gefallen und Sie neugierig gemacht, mich auch einmal persönlich als Trainer zu erleben?

Dann möchte ich Ihnen hier die Themen nennen, zu denen ich Seminare und Weiterbildungen anbiete und durchführe:

- Präsentation
- Selbstsicherheit
- Führung
- Kommunikation
- Motivation
- Transaktionsanalyse

Darüber hinaus bin ich in folgenden Bereichen tätig:

- Supervision
- Personal- und Organisationsentwicklung
- Coaching

Anfragen richten Sie bitte per eMail an dr.dieter.gerhold@web.de
Rückmeldungen, Fragen und Anregungen zum Buch sind mir unter dieser Adresse ebenfalls herzlich willkommen.

Besuchen Sie gerne auch meine Homepage unter www.ta-plus.de und informieren Sie sich dort über mein aktuelles Seminarangebot.